D0489172

GYRRU
DRWY
STOROM

I bawb sy'n cael eu
heffeithio gan salwch meddwl

GYRRU DRWY STOROM

Gol. Alaw Griffiths

y Lolfa

Argraffiad cyntaf: 2015
Ail argraffiad: 2015

© Hawlfraint Y Lolfa Cyf. a'r awduron unigol, 2015

Dymuna'r cyhoeddwyr gydnabod cymorth ariannol
Cyngor Llyfrau Cymru

Diolch i Wasg Gomer am ganiatâd
i atgynhyrchu englyn o waith Dic Jones

Cynllun y clawr: Steffan Dafydd

Rhif Llyfr Rhyngwladol: 978 1 78461 143 9

Cyhoeddwyd, rhwymwyd ac argraffwyd yng Nghymru gan
Y Lolfa Cyf., Talybont, Ceredigion SY24 5HE
gwefan www.ylolfa.com
e-bost ylolfa@ylolfa.com
ffôn 01970 832 304
ffacs 832 782

Diolch i'r Lolfa, yn arbennig i Meinir, am gredu yn y gyfrol o'r dechrau'n deg. Diolch i'r holl awduron am gytuno i gyfrannu. Mae troi'r meddwl yn ôl at brofiadau mor erchyll bron â bod yn artaith – mae eich cyfraniadau yn hynod werthfawr.

Diolch i Ffion a Morfudd am y crio, y cariad a'r chwerthin.

Diolch i deulu bach Cylch Ti a Fi Llandre am y croeso a'r cyfeillgarwch i mi ac i Lleucu – os ydych yn fam newydd ac yn byw yn y cyffiniau, ewch yno!

Diolch i deulu Penplas am y gefnogaeth a'r croeso bob amser. Diolch i Mam am y gofal a'r holl warchod, i Nhad am ollwng popeth a theithio dros ddwy awr dim ond i afael yn fy llaw ar y prom yn Aberystwyth, ac i Heledd ac Aran am fod yno bob amser.

Yn bennaf oll, diolch i fy ngŵr a fy merch am eu hamynedd, eu cariad a'u ffydd ynof i ac ynom ni fel teulu. Caru chi. Diolch, Hywel, am fy annog i gysylltu gyda Meinir am y gyfrol – rwy mor falch i mi wrando arnat, am unwaith!

Cynnwys

Rhagair

Cefais gyfres o sesiynau therapi siarad pan oedd fy mabi tua naw mis oed trwy'r Gwasanaeth Iechyd. Roedd rhaid bodloni ar wasanaeth Saesneg, neu dim gwasanaeth o gwbl. Byddai nifer o ffrindiau a theulu yn synnu nad oedd hyn yn poeni rhyw lawer arnaf i ddechrau – doedd dim nerth gennyf i wrthod unrhyw fath o wasanaeth a fyddai'n gymorth imi wella. Yng nghanol un o'r sesiynau dywedodd y therapydd, 'I feel that I need to apologise to you because I don't speak Welsh – I can see how difficult that is for you.' Doeddwn i heb grybwyll y peth o gwbl wrthi, ond roedd hi'n llygad ei lle. Ambell dro, roeddwn yn methu dod o hyd i'r geiriau cywir i ddisgrifio fy nheimladau gan fy mod yn gorfod gwneud hynny drwy fy ail iaith, yn hytrach na fy mamiaith.

Methais ddod o hyd i unrhyw wefannau neu lyfrau gyda gwybodaeth digonol am salwch meddwl yn y Gymraeg. Cysylltais â'r Aelod Cynulliad, Bethan Jenkins i holi a oedd hi'n ymwybodol o unrhyw ddeunydd gan fy mod yn gwybod ei bod hi'n gwneud gwaith arbennig dros bobl â salwch meddwl yng Nghymru, ond yn anffodus doedd hi ddim chwaith.

Ychydig fisoedd yn ddiweddarach, soniais wrth fy ngŵr am y syniad o gyhoeddi cyfrol, yn y Gymraeg, gyda phytiau gan gwahanol bobl yn sôn am eu profiadau nhw o salwch meddwl. Roeddwn am i bobl oedd yn dioddef gael darllen rhywbeth yn eu mamiaith, ac roeddwn am roi gobaith iddyn nhw – dim ots pa mor fach neu ddwys oedd eu problemau, roeddem ni, y cyfranwyr, yn brawf bod modd gwella a dianc o'r crafangau hyll hynny.

Felly dyma hi – y gyfrol! Ceir yma gyfraniadau gan unigolion ar hyd a lled Cymru, o feysydd a chefndiroedd gwahanol. Pob un ohonynt yn brwydro i roi diwedd ar y stigma sydd ynghlwm wrth y geiriau 'salwch meddwl'. Bydd yn anodd darllen drwy llawer o'u profiadau ond, wrth ddarllen, cofiwch fod bob un stori hefyd yn llawn gobaith gan fod pob un wedi goroesi'r storom.

Alaw Griffiths
Gorffennaf 2015

Mae'n amser i newid

LLYR HUWS GRUFFYDD

Ymddangosodd yr erthygl hon gan Llyr Huws Gruffydd AC yn wreiddiol ym mis Tachwedd 2012 fel rhan o ymgyrch yr elusen Amser i Newid. Roedd hefyd yn destun araith yn y Cynulliad Cenedlaethol pan wnaeth Llyr a thri Aelod Cynulliad arall siarad yn gyhoeddus am y tro cyntaf am eu profiadau o salwch meddwl.

Dywedodd rhywun wrtha i'n gymharol ddiweddar y bydd un o bob pedwar person yn dioddef o salwch meddwl ar ryw adeg yn eu bywyd. A dyna oedd y foment pan sylweddolais nad oedd yr hyn yr oeddwn i wedi ei ddioddef gryn dipyn o flynyddoedd ynghynt mor rhyfedd nac annormal ag yr oeddwn wedi'i feddwl.

Bron ddeng mlynedd yn ôl cefais ddiagnosis o iselder. Fyddai dyn 30 oed ddim fel arfer yn cyfaddef ei fod yn gyson yn ffeindio'i hun yn sefyll mewn ystafell yn crio am ddim rheswm amlwg – ond dyna'r cyflwr yr oeddwn i ynddo yr adeg hynny.

Cuddiais y peth yn dda. Dim ond fy narpar wraig

oedd yn ymwybodol o'm salwch. Byddwn bob amser yn dweud wrthyf fy hun y byddai'n pasio ac y byddwn yn teimlo'n well yfory. Ond fyddai yfory byth yn cyrraedd. Ar ôl misoedd diddiwedd o geisio ymdopi, cuddio a gwadu 'mod i'n sâl, derbyniais yn y pen draw fod angen help meddygol arna i. Mi es i at fy meddyg teulu ac fe'm cyfeiriodd at fy nhîm iechyd meddwl cymunedol lleol, ac ar ôl sgwrs hir a dagreuol gyda fy mòs yn y gwaith mi ddechreuais wella.

Roedd siarad am fy salwch wedi helpu i leddfu rhywfaint o'r pwysau ar fy ysgwyddau. Ond roedd y trafod hwnnw wedi'i gyfyngu'n ofalus i'r tîm iechyd meddwl cymunedol a'm gwraig. Hyd yn oed heddiw, does gan y rhan fwyaf o'm ffrindiau a'm teulu ddim syniad fy mod wedi bod yn sâl. Bydd llawer ohonyn nhw'n darganfod hynny drwy ddarllen hyn. Yn bwysicaf oll, ni wyddai fy rhieni chwaith. Yr erthygl hon sydd, o'r diwedd, wedi fy ngwneud yn ddigon dewr i ddweud wrthyn nhw am fy salwch. Dwi ddim am iddyn nhw gael eu synnu, dwi ddim am iddynt fod yn drist, ac yn bendant dwi ddim am iddyn nhw deimlo'n euog o gwbl – roeddwn i'n sâl, ond nawr dwi'n well.

Dwi am i bawb wybod fy mod yn well oherwydd bydd hynny'n dweud wrth bobl eraill sydd â salwch meddwl y gallan nhw wella hefyd. Dwi ddim am i bobl ddioddef mewn distawrwydd am eu bod nhw'n credu nad yw'n dderbyniol iddyn nhw gael salwch meddwl. Dydych chi ddim ar eich pen eich hunain. Mae un o bob pedwar yn nifer fawr o bobl. Gallai fod yn bump neu'n chwe chwaraewr yn eich sgwad rygbi leol, 160 o'r Aelodau Seneddol yn San Steffan neu 15 o'r 60 o Aelodau Cynulliad ym Mae Caerdydd.

Dwi'n rhan o'r chwarter o'r boblogaeth a fydd yn profi salwch meddwl. Ac ers cael fy ethol fel Aelod Cynulliad dwi hyd yn oed yn fwy penderfynol o helpu i fynd i'r afael â'r stigma a'r agweddau at iechyd meddwl a'r gwasanaethau sydd ar gael i ddioddefwyr. Dwi'n falch bod Llywodraeth Cymru wedi clustnodi arian ar gyfer gwasanaethau iechyd meddwl, ond dwi am fynd ymhellach:

- cyflwyno gweithwyr cyswllt i gefnogi cleifion a gofalwyr;

- hyfforddi staff mewn adrannau damweiniau ac achosion brys i fedru adnabod unrhyw arwyddion o salwch meddwl a chyfeirio pobl i gael cymorth;

- dwi am weld rhoi'r gorau i leoli plant ar wardiau iechyd meddwl i oedolion;

- dwi am i apwyntiadau dilynol gael eu trefnu pan gaiff apwyntiadau eu methu er mwyn sicrhau nad yw pobl yn mynd yn angof o fewn y system iechyd;

- dylai fod gweithwyr iechyd meddwl proffesiynol ym mhob meddygfa lle bo'r galw am wrthiselyddion yn uchel;

- dwi'n teimlo'n gryf hefyd y dylai rhan o etifeddiaeth y Gêmau Olympaidd ymwneud â hyrwyddo ac atgyfnerthu'r cysylltiadau cadarnhaol rhwng yr awyr agored, ymarfer corff a lles meddwl.

Po fwyaf dwi'n siarad am fy mhrofiad i, y mwyaf y mae'n rhoi'r cyfnod cyfan o fy mywyd yn ei gyd-destun. O edrych yn ôl, roeddwn yn amharod i'w wynebu oherwydd ofn. Ofn beth y gallai pobl ei feddwl. Ofn beth y gallai pobl ei ddweud.

Ond nawr mae'n amser siarad – mae'n amser i newid.

'In an ideal world,
it would not take a film star
to get the media focused
on mental illness.'

Alastair Campbell

Ddim yn disgwyl hyn

CARYL LEWIS

Dwi'n cofio pan o'n i'n sâl imi chwilio am lyfrau fyddai'n fy helpu i. Dwi'n cofio cribo'r we am atebion, am esboniad ac am reswm dros yr hyn oedd yn digwydd imi. Doedd dim byd ar gael yn y Gymraeg ac roedd rhai o'r straeon a ddarllenais yng nghorneli tywylla'r we yn codi hyd yn oed mwy o ofn arna i; yn plannu syniadau poenus yn fy mhen i ac yn fy nrysu'n waeth. Weithiau, byddwn i'n dod ar draws stori drasig yn y papurau newydd am fam newydd a'i babi, ac fe fyddwn yn poeni am ddiwrnodau wedyn mai dyna fyddai fy niwedd innau hefyd. Yr hyn na ddarganfyddais i'n unman oedd straeon y miloedd ar filoedd o famau cariadus a chydwybodol sy'n dioddef yn dawel ac yn gwella'n araf bach o'r salwch cyffredin a hollol normal a elwir yn 'iselder ôl-enedigol'.

Pan ofynnwyd imi gyfrannu at y gyfrol yma, gofynnwyd imi sgwennu yn greadigol am y cyfnod, ond allwn i ddim. Doedd e ddim yn gyfnod creadigol a does gen i ddim geiriau pert all wneud synnwyr o'r hyn ddigwyddodd imi.

Yr unig beth alla i wneud yw adrodd yr hanes yn onest, yn y gobaith y bydd, efallai, o gysur i rywun.

Y peth cyntaf i'w ddweud yw bod iselder ôl-enedigol yn effeithio ar famau mewn gwahanol ffyrdd. Mae 'na hen ystrydeb am y salwch, sef y fam sy'n gwrthod ei babi yn fuan ar ôl ei eni ac yn pallu gwneud dim ag e. Ac er bod hyn yn wir i rai mamau, nid dyma'r patrwm arferol. Mae'r salwch yn llai dramatig na hyn fel arfer ac yn medru ymddangos yn y flwyddyn neu ddwy ar ôl geni'r plentyn. Mae'r rhan fwyaf o famau sy'n dioddef yn gariadus tuag at y babi ac yn ceisio gwneud popeth drosto fe neu hi. Yn wir, mae nifer ohonynt mor gydwybodol nes eu bod yn pallu gadael i neb arall eu helpu na chyfadde bod dim byd o'i le. Mae datblygiad a difrifoldeb y salwch yn amrywio, felly fe fydd rhai o fy mhrofiadau i'n taro tant a rhai ddim; ond er ei fod yn salwch personol iawn, mae nifer o symptomau cyffredin.

Cyn geni

Dwi'n meddwl ei bod hi'n deg dweud bod yna ryw ddisgwyliadau dwl am y fam feichiog. Disgwylir iddi hwylio trwy ei beichiogrwydd yn teimlo'n iach ac yn edrych fel rhyw dduwies Geltaidd. Ond y gwir yw bod cario babi yn medru creu straen corfforol a meddyliol. Yn gorfforol, mae rhai merched yn teimlo'n sâl iawn trwy gydol eu beichiogrwydd. Mae cysgu'n mynd yn anodd, mae'r blinder yn ofnadwy ac mae ymdopi â thasgau bob dydd yn medru teimlo'n amhosib. Mae beichiogrwydd hefyd yn medru gwaethygu unrhyw gyflwr meddygol sydd ar y fam eisoes a gwneud trin hwnnw'n anodd am ei bod hi'n methu cymryd ei moddion arferol. Mae mamau eraill yn datblygu problemau meddygol am y tro cyntaf yn eu beichiogrwydd sy'n golygu eu bod yn poeni ac yn teimlo cyfrifoldeb difrifol am iechyd eu plentyn drwy'r holl gyfnod.

Yn ychwanegol at hyn, mae beichiogrwydd, yn enwedig am y tro cyntaf, yn gyfnod o newid seicolegol mawr. Mae'r ferch yn paratoi'n feddyliol am fod yn fam mewn byd sy'n rhoi llawer mwy o bwyslais ar newidiadau corfforol na rhai meddyliol. Ychydig iawn o sylw sy'n cael ei roi i ddisgwyliadau a dyheadau'r ferch wrth iddi droi'n fam ac mae gormod o lawer o sylw yn cael ei roi i sut mae hi'n cario neu faint o bwysau mae hi wedi ei ennill. Mae cwestiynau ynglŷn â pha liwiau i beintio stafell y babi a pha bram i'w brynu yn llawer mwy cyffredin na sut mae'r ferch yn teimlo a beth yw ei gobeithion hi am y dyfodol. Mewn oes lle mae merch yn aml yn ennill mwy na'i phartner, daw pryderon ariannol newydd i'r wyneb ac mae rhai'n ei chael hi'n anodd byw heb gyflog llawn am gyfnod hir. Mae talu am ofal plant yn rhywbeth sy'n poeni nifer, ac mewn oes lle mae teuluoedd mor wasgaredig, mae mamau ifanc yn gorfod ymdopi ar eu pennau eu hunain heb aelodau o'u teuluoedd gerllaw i fod yn gymorth iddynt. Does dim rhyfedd bod iselder sy'n datblygu tra bod y ferch yn feichiog yn cael mwy o sylw yn y wasg yn ddiweddar.

Ar ôl beichiogi, y cyswllt cyntaf mae merch yn ei gael yw gyda'r gwasanaethau iechyd. Mae geni babi yn ein diwylliant ni heddiw yn ddigwyddiad meddygol. Mae merch yn cael rhestr faith o bethau allai niweidio ei phlentyn yn y groth. Rhaid bwyta hwn a pheidio â bwyta hwnna ac mae 'na garfanau o bobol gref eu barn ym mhobman yn uchel eu cloch. Mae'r wybodaeth yma'n ddryslyd ac yn anghyson ac yn amrywio'n helaeth o wlad i wlad. Mae mamau yn Ffrainc yn cael yfed gwin, tra bod mamau yn yr Amerig ddim. Yn y wlad yma, maen nhw'n newid eu meddyliau bob wythnos bron. Rhaid peidio â bwyta cnau rhag rhoi alergedd i'r babi ac yna, ychydig fisoedd yn ddiweddarach, rhaid bwyta cnau er mwyn datblygu imiwnedd y babi rhag alergedd. Does ryfedd fod mamau'n teimlo'n bryderus cyn dechrau.

Ac ar ôl hyn oll, mae'r gwasanaeth iechyd yn cynnig dosbarthiadau geni. Dwi'n cofio eistedd yn y rhain, yn gwrando ar yr holl dermau meddygol, yn edrych ar ddiagramau o'r groth a'r geni. Y peth wnaeth fy nharo i oedd eu bod yn rhoi'r argraff y byddech chi'n hwylio i mewn i'r ysbyty, yn geni'n naturiol mewn ychydig oriau ac y byddai'r babi'n bwydo o'r fron fel angel. Byddech chi allan y diwrnod wedyn, a'r babi cysglyd yn eich côl. Doedd dim sôn am enedigaeth fwy cymhleth na genedigaethau Caesarean er, yn ôl yr ystadegau, byddai tua un o bob pedair o'r merched yn y stafell angen un.[1] O'r tua 40 o ferched oedd yno, byddai rhyw ddeg ohonyn nhw'n gorfod mynd i gael llawdriniaeth (ar frys yn aml) heb wybod beth oedd o'u blaenau. Dyw'r bydwragedd ddim eisiau codi ofn ar famau newydd, ac mae rhywun yn deall hynny, ond mae gwahaniaeth rhwng codi ofn ar rywun a'u paratoi yn realistig.

Y geni

Ac yna, pan ydych ar fin geni, mae sesiwn i greu 'cynllun geni'. Dyma pryd mae'r fydwraig yn gofyn i'r fam sut fath o enedigaeth mae hi eisiau. Ond mae'r cysyniad o 'reoli' genedigaeth yn un problematig i mi. Mae'n codi rhyw ddisgwyliadau ym mhennau mamau sy'n aml yn cael eu siomi. Mae'r fam sy'n breuddwydio am gael genedigaeth mewn pwll dŵr heb gyffuriau, ond sy'n gorfod cael ei chludo ar frys i'r theatr feddygol ar gyfer anaesthetig llawn yn teimlo ei bod hi wedi methu. Mae'r fam sydd wedi gobeithio geni gartref, ond sy'n gorfod dod i'r ysbyty i gael poenladdwyr cryf, yn cael siom. Yn aml, wrth gwrs, mae popeth yn gweithio fel y dylai, ond oni fyddai hi'n gallach darbwyllo'r fam bod rhaid cadw meddwl agored? Mae rhoi genedigaeth yn un o'r pethau prin erbyn hyn na ellir ei drefnu a'i reoli ac mae'n rhaid ymddiried yn y corff i wneud beth sy'n naturiol. Beth am roi gwybodaeth am y poenladdwyr a'r angen, weithiau, am help meddygol? Beth am atgoffa mamau mai genedigaeth ddiogel eu babi yw'r nod, ac nad oes ots na bai os yw hynny'n digwydd mewn ffordd annisgwyl?

Does gen i ddim cwyn o gwbl am y gofal dwi wedi ei dderbyn yn ystod fy ngenedigaethau i. A dweud y gwir, mae'r staff wedi bod yn anhygoel o dda ond mae'r system yn trin geni fel digwyddiad meddygol sydd angen ei reoli yn hytrach nag fel digwyddiad naturiol. Mae genedigaeth yn rym naturiol. Yn rhywbeth pwerus ac anhygoel. Yn rhywbeth cyntefig a hudol sydd â'i gynllun ei hun.

Fe gwympais i'n feichiog rhyw flwyddyn ar ôl priodi ond doeddwn i ddim yn gwybod hynny ar y pryd. Bu raid imi fynd i'r ysbyty ar ôl teimlo'n sâl ofnadwy. Ar ôl llawdriniaeth frys, fe ddarganfyddais fod gen i'r clefyd Crohn's. Ac wrth wneud profion pellach, fe ddarganfyddon nhw fy mod i'n feichiog. Ar ôl mynd adref a gorffwys, a'r tri mis cyntaf wedi pasio'n ddiogel, fe aethon ni'n ôl i'r ysbyty i gael ein sgan cyntaf. Fe fu'r nyrs yn sganio'n hir ac yna fe drodd y sgrin i ffwrdd a golwg ddifrifol ar ei hwyneb. Doedd dim curiad calon yno. Roedd y babi wedi marw rai wythnosau ynghynt.

Y rheswm dwi'n dweud y stori yma yw bod hon hefyd yn stori gyffredin. Mae hyd at un o bob pedwar beichiogrwydd yn cael ei golli[2] a does neb yn sôn am hyn.

Mae yna ryw stigma yn perthyn i'r peth a dim ond ar ôl iddo ddigwydd i unigolyn mae'r menywod o'i chwmpas fel arfer yn rhannu eu straeon. Mae colledion yn rhan naturiol o gael plant. Mae'r rhan fwyaf o ferched dwi'n eu hadnabod sydd â rhyw dri o blant erbyn hyn wedi dioddef colledion. Rhai'n gynnar, rhai'n hwyrach. Dwi'n cofio un nyrs yn dweud wrtha i, 'Miscarriages and stillbirth are part of a mother's journey.' Dwi'n cofio torri 'nghalon a theimlo bod fy nghorff i wedi fy mradychu i gredu bod y babi'n dal yn fyw.

Fe ychwanegodd hyn at y pryder wedyn pan gwympais yn feichiog yn fuan wedi hynny a minnau wedi colli'r diniweidrwydd hapus yna gan wybod y gallai pethau fynd o chwith unrhyw bryd, ac weithiau fyddai dim arwydd o hynny nes y sgan. Ond, fe aeth y beichiogrwydd yn ei flaen yn gwbl iach. A naw mis yn ddiweddarach, fe anwyd mab inni. Parodd yr enedigaeth bum awr ac yn sydyn roedden ni'n deulu. Cafodd ein mab ei eni ym mis Rhagfyr a dwi'n cofio'r eira'n dod yn fuan ar ôl ei enedigaeth a minnau'n eistedd yn y gwely gydag ef a'r bryniau o gwmpas y fferm yn gwynnu i gyd. Doedd y fydwraig ddim yn gallu dod i fyny'r lôn ond fe arhoson ni fel teulu bach ar bwys y tân am gyfnod hudol o ryw fis cyn i'r eira glirio. Ac fe fues i'n iawn. Dwi'n cofio'r blinder a'r bwydo di-ben-draw ond roedd e'n gyfnod gweddol hapus a dim arwydd o'r iselder a ddilynai fy ail enedigaeth.

Dathlu ei ben-blwydd yn flwydd oed oeddwn i pan ddarganfyddais fy mod yn feichiog unwaith eto. Ond roedd pethau'n wahanol y tro hwn. Roedd gen i blentyn bach i edrych ar ei ôl, roedden ni'n ail-wneud y tŷ ac roedd fy nhad-cu yn dioddef marwolaeth boenus o gancr. Dwi ddim yn credu y gallwch chi ddarganfod rheswm am iselder weithiau. Dwi'n meddwl ei bod hi'n demtasiwn chwilio am rywbeth i'w feio, ond yn sicr, mae ffactorau fel galar a phryderon fel symud tŷ yn medru ychwanegu at eich straen meddyliol. Mae ymchwil yn awgrymu hefyd fod ffactorau biolegol a genynnol yn chwarae rhan fawr yn y peth. Ond, yn y bôn, salwch yw salwch. Weithiau, mae e fel pe bai'n dod o unlle. Dwi'n cofio gofyn yr un hen gwestiynau yn fy mhen drosodd a throsodd. Roedd gen i deulu cefnogol. Mab annwyl. Gŵr hyfryd. Gwaith ro'n i'n ei fwynhau. Pa reswm oedd gen i i fod yn isel? Erbyn hyn, dwi'n gweld pa mor ddwl yw gofyn cwestiynau o'r fath. Mae'n gyflwr meddygol. Dyw rhywun ddim yn gofyn i rywun â chancr, 'Pa reswm sydd gen ti i fod â chancr?' Ddylai rhywun deimlo cywilydd am dorri coes?

Ysbyty

Dwi'n cofio mai methu cysgu oedd un o'r symptomau cyntaf, a hynny tra o'n i'n feichiog. Weithiau, fyddwn i'n cysgu dim mwy na hanner awr mewn noson. Byddwn yn gorwedd ar ddi-hun wedi blino'n lân ond eto'n methu'n deg â chysgu. Yn meddwl am yr holl bethau oedd gen i i'w gwneud ond heb yr egni i'w gwneud. Dwi'n cofio mynd i angladd fy nhad-cu ac eistedd yno yn ofni teimlo gormod o emosiwn rhag i hynny niweidio'r babi rywfodd. Ro'n i wedi blino'n ddifrifol. Yn teimlo'n sâl. Yn dioddef o bennau tost difrifol a ddim yn gallu cymryd poenladdwyr ac ro'n i'n gwybod na allwn i gyrraedd diwedd y beichiogrwydd. Ac yn wir, fe ddechreuodd yr enedigaeth pan oeddwn yn 36 wythnos. Treuliais i ryw wythnos wedyn â'r meddygon yn ceisio cyflymu'r enedigaeth. Ac, ar ôl rhyw chwe diwrnod, fe anwyd merch inni. Er ei bod hi fis yn gynnar, roedden nhw'n hapus inni fynd adref. Ond, yn anffodus, o fewn diwrnodau, fe ddatblygodd hi'r clefyd melyn a bu'n rhaid mynd â hi'n ôl i'r ysbyty. Bu'n rhaid i minnau aros gyda hi tra ei bod hi'n cael ei thrin er mwyn ei bwydo hi.

Dwi ddim am ddweud gormod yn y fan hyn am y pwysau sydd ar famau i fwydo erbyn hyn, ond dwi am ddweud ychydig. Mae yna garfanau o famau sy'n gwneud i famau sy'n bwydo o botel deimlo'n israddol. Ychwanegwch at hyn y ffaith nad oedd mamau ein cenhedlaeth ni fel arfer yn bwydo, ac mae merched yn cael eu gadael heb gyngor, heb wybodaeth a chyda chyfrifoldeb llwyr am gynnydd y plentyn. Fe fwydais i am fod yna ychydig o ymchwil yn awgrymu bod bwydo yn medru gochel y plentyn rhag clefydau fel Crohn's, ond roedd e'n anodd. Dwi'n adnabod merched hunangyflogedig sydd wedi gorfod mynd yn ôl i'w gwaith yn fuan ar ôl geni, sydd wedi lladd eu hunain yn treulio eu horiau cinio yn tynnu llaeth mewn ciwbicls toiledau er mwyn parhau i fwydo. Bwydwch eich plentyn nes ei fod yn bump os y'ch chi eisiau a rhowch glwt organig am ei ben-ôl, neu rhowch botel iddo a'i lapio mewn Pampers! Mae'r penderfyniad yn un personol a ddylai neb feirniadu neb arall.

Beth bynnag, ar ôl i'r clefyd melyn gilio, fe aethon ni â hi adref unwaith eto ond fe gafodd broblemau yn treulio llaeth y fron. Byddai hi fel pe bai'n tagu yn ei chwsg a threuliais y misoedd canlynol yn gorwedd yn ei gwylio hi, heb orffwys yn iawn am wythnosau ac wythnosau. O'r diwedd, cafodd foddion at y broblem ond erbyn hynny roedd hi'n chwe mis oed. A dyna pryd y'm tarwyd gan ffyrnigrwydd iselder ôl geni. Pan oedd pethau wedi dechrau setlo. Pan oedd y creisis ar ben.

Do'n i ddim yn cysgu. Byddwn yn dihuno yn y bore a phob asgwrn yn fy nghorff yn gwynio. Ro'n i'n dihuno'n chwys yn edrych am fy merch i. Doedd gen i ddim egni. Roedd pethau'n teimlo'n afreal. Ond y peth oedd yn fy mhoeni i fwyaf oedd y meddyliau od oedd yn dod fwyfwy i 'mhen i. Ro'n i'n meddwl pethau ofnadwy. Pethau difrifol. Dwi'n cofio cerdded ar lan y môr gyda hi a meddwl y gallwn i ei thaflu hi i'r dŵr. Dwi'n cofio ofni cerdded i lawr y grisiau yn y tŷ gyda hi rhag ofn imi ei chwympo. Dwi'n cofio ei dychmygu hi'n boddi yn y bàth. Mae'r rhain yn bethau poenus i'w hysgrifennu hyd yn oed heddiw, ond mae'n rhaid eu rhoi i lawr ar ddu a gwyn er mwyn i eraill gael gweld mai symptom o salwch yw'r meddyliau yma. Dwi'n cofio teimlo euogrwydd aruthrol. Pa fath o berson sy'n meddwl pethau fel hyn? Pa fath o fam? Dwi'n cofio meddwl bod rhaid iddyn nhw fod yn dod o rywle. Yn rhan o 'mhersonoliaeth i efallai. Yn ddyheadau cudd.

Ofnau

Dwi'n cofio methu defnyddio cyllyll wrth goginio a thaflu'r rhai yn y gegin i'r bin rhag imi golli rheolaeth ar fy hun a gweithredu ar un o'r meddyliau yma. Ond nid fy llais i oedd y meddyliau. Nid adlewyrchiad o 'mhersonoliaeth i. Y salwch oedd yn siarad. A'r eironi yw bod y math yma o feddyliau yn gwbl gyffredin, yn normal hyd yn oed. Yn ôl un astudiaeth, mae 91% o famau newydd yn cael meddyliau cas am eu plentyn ar ryw bwynt ar ôl geni sy'n deillio o'u hofnau.[3] Mae meddyliau cas am niweidio'r babi yn gyffredin, ynghyd â meddyliau am gyllyll/grisiau/ceir/dŵr/dŵr berwedig ayyb. A'r peth gwaethaf am y meddyliau yma yw eu bod yn poenydio'r fam ddydd a nos, a'r mwyaf mae rhywun yn ceisio peidio meddwl amdanyn nhw, y mwyaf mae rhywun yn gwneud hynny. Y mwyaf mae rhywun yn ceisio eu gwthio i ffwrdd, y mwyaf maen nhw'n dod yn ôl. Daw teimladau o euogrwydd ac ofn. Yr ofn o golli rheolaeth. O beidio â theimlo'n ddiogel. Yr ofn o ddweud wrth unrhyw un. Beth fyddai pobl eraill yn feddwl petaen nhw'n gwybod 'mod i'n meddwl pethau fel hyn?

Y gwirionedd yw mai symptom o fod yn fam dda yw'r meddyliau yma. Mae'r mamau sy'n eu cael nhw fel arfer yn gydwybodol iawn. Pan feddyliwch chi am y peth, mae mam dda yn gweld peryglon. 'Paid mynd yn agos at y dŵr', 'Paid cyffwrdd â'r stof', ond mae mam sy'n dioddef o iselder yn gweld peryglon ymhobman. Yn troi'r rhain yn ofnau. Yn troi'r rhain yn bethau y gallai hi eu gwneud. Y gwir yw bod y ffaith bod y fam yn dioddef oherwydd y meddyliau yma yn arwydd positif. Mae'r meddyliau'n groes i'w natur hi ac mae ymchwil yn dangos nad oes cydberthynas rhwng merch yn cael y math yma o feddyliau a hithau'n ildio i'r fath feddyliau.[4]

Yr unig broblem gyda'r fath feddyliau yw eu bod nhw weithiau'n gwneud i'r fam osgoi rhai gweithgareddau. Efallai y byddai mam sy'n gweld delweddau o'r babi'n boddi yn osgoi rhoi bàth iddo neu'n ceisio peidio â bod ar ei phen ei hunan yng nghwmni'r babi. Er bod y math yma o feddyliau yn creu poen aruthrol i'r fam, maen nhw'n symptom o'r cyflwr yn yr un modd ag y mae gwres yn symptom o'r ffliw. Wedi dweud hyn oll, mae'n rhaid bod yn ymwybodol o feddyliau cas iawn, sef rhai am hunanladdiad, neu feddyliau sy'n symptomatig o gyflwr o seicosis. Os yw'r fam yn dechrau meddwl y byddai ei theulu'n hapusach hebddi, mae'n rhaid chwilio am help ar unwaith ac os yw hi'n ymddwyn yn anniddig ac yn afresymol, mae hynny'n medru bod yn symptom o seicosis ar ôl geni, sydd fel arfer yn digwydd yn gynt ar ôl y geni ac sydd angen ei drin ar unwaith.

Blwyddyn ar ôl geni

Dwi'n cofio dioddef am fisoedd heb sylweddoli o ddifri beth oedd yn bod. Ro'n i'n gwybod bod rhywbeth yn bod, ac roedd fy ngŵr i hefyd, ond roedd iselder ar ôl geni yn golygu mam oedd yn gwrthod y babi. Ro'n i'n ei charu hi'n fwy nag erioed. Roedd iselder ar ôl geni yn digwydd ar ôl geni, mae'n siŵr. Ond, erbyn hynny, roedd hi bron yn flwydd oed. Ond roedd pethau'n gwaethygu. Ro'n ni'n dechrau ofni bod ar fy mhen fy hun gyda hi. Byddwn i'n ffonio fy ngŵr i ddod adre ata i. Dwi'n cofio bod mor flinedig (do'n i ddim wedi cysgu'n iawn ers rhyw flwyddyn a hanner erbyn hyn), a sefyll ar dop y grisiau yn meddwl taswn i'n cwympo lawr fan hyn a thorri coes neu gael niwed corfforol, yna fe gawn i esgus i orffwys.

Cael help

Ac yna, fe benderfynais i ymchwilio ar y we. Ar ôl darllen gwefan Mind, fe sylweddolais i beth oedd yn bod ac roedd hynny'n rhyddhad ofnadwy. Roedd gen i enw i'r peth yma. I'r peth yma oedd yn digwydd imi. Ac fe roddodd hynny hyder imi fynd at y meddyg. Dwi'n cofio ofni y byddai honno'n meddwl 'mod i'n colli 'mhen. Meddwl efallai y bydden nhw'n mynd â'r plant oddi wrtha i ond wrth gwrs, mae iselder yn rhywbeth maen nhw'n delio ag e bob dydd. Salwch yw e y gellir ei wella yn weddol hawdd, a'r cynharaf mae rhywun yn cael help, y gorau yw hi. Roedd hi'n garedig ac yn deall yn iawn. Dy'n nhw ddim yn mynd â phlant oddi wrth fam sy'n dioddef heblaw mewn achosion eithriadol, a hyd yn oed wedyn mae 'na wardiau mewn ysbytai lle mae'r plant yn medru aros gyda'r fam pan mae hi'n cael ei thrin. Yn wir, yn llygaid y meddygon, mae mam sy'n dod atyn nhw oherwydd iselder yn dangos cryfder, nid gwendid. Os y'ch chi'n methu mynd ar eich pen eich hunan, ewch â ffrind. Ewch â'ch gŵr. Danfonwch ffrind drosoch chi. Ewch â'r llyfr yma! Ysgrifennwch y cwbl lawr a rhoi'r llythyr iddyn nhw.

Ond y cam cyntaf yw gofyn am help. Dwi'n cofio bod i mewn gyda hi am ryw hanner awr. Dwi'n cofio llenwi rhyw brawf rhwydd oedd yn mesur dyfnder yr iselder. Dwi'n cofio bod yn hollol onest wrth ei lenwi a dwi'n cofio siarad â hi am y gwahanol driniaethau. Dwi'n cofio gadael gan deimlo'n llawer gwell. Yn well ar ôl cael diagnosis. Yn well ar ôl clywed bod 10% o famau yn dioddef ar ôl geni, a'r ffigwr go iawn yn debygol o fod lawer iawn yn uwch.[5]

Y camau nesaf

Y cam nesaf oedd siarad am y peth gyda'r gŵr a'r teulu. Doedd dim angen imi fod wedi poeni. Roedd y rhan fwyaf yn gwybod yn barod bod rhywbeth o'i le. Roedd to hŷn y teulu wedi gweld hyn sawl gwaith o'r blaen, a'r to ifancach yn gwybod bod pethau fel hyn yn digwydd. Roedd siarad am y meddyliau yn rhyddhad, yn rhoi llai o bŵer iddyn nhw. Ond os yw rhywun yn anghyfforddus gyda hyn, neu'n pryderu eu bod yn rhoi gofid i'w gŵr neu bartner, mae'n bosib gofyn i siarad ag arbenigwr o'r gwasanaeth iechyd. Weithiau mae'n rhyddhad gallu siarad â rhywun sydd ddim yn eich adnabod chi. Sy'n medru eich cysuro trwy ddweud eu bod yn clywed y math hyn o beth ganwaith o'r blaen.

Ar ôl siarad â 'ngŵr, fe benderfynon ni drio heb gyffuriau am ychydig, ond ar ôl rhyw fis neu ddau roedd hi'n amlwg bod eisiau mwy o help ac fe ddechreuais ar gwrs o dabledi. Dwi'n cofio pryderu am gymryd y tabledi. Roedd rhai'n dweud nad oedden nhw'n gweithio, a beth petawn i'n methu stopio eu cymryd? Ai'r un person fyddwn i? Ond fe gymrais i nhw yn y diwedd a ddigwyddodd dim byd am ryw ddeufis. Yna, yn ara bach, fe sylweddolais i fy mod i'n cysgu am yn hirach heb ddihuno. Roedd pethau'n dechrau teimlo ychydig yn ysgafnach. Bues i'n darllen am y meddyliau cas a'u deall yn well. Dysgu i adael iddyn nhw ddod i'm meddwl ac i basio trwyddo heb effeithio arna i.

Gadael iddyn nhw ddod. Eu derbyn ac yna gadael iddyn nhw fynd.

Gwneud rhywbeth

Dwi'n meddwl bod yr ychydig o greadigrwydd sydd gen i wedi bod yn rhwystr ac yn faen tramgwydd imi yn y cyfnod yma. Yn fy ngwaith, dwi'n datblygu fy nychymyg bob dydd. Wrth ysgrifennu nofel, mae rhywun yn gorfod rhagweld digwyddiadau benodau o flaen llaw. Dychmygu pob posibiliad. Pob tro trwstan. Ac erbyn hyn, ar ôl blynyddoedd o ymarfer, mae fy nychymyg yn go fyw a go hyblyg. A doedd hynny ddim yn helpu o gwbl. Felly, fe benderfynais ddysgu gwneud rhywbeth â'm dwylo. Rhywbeth ymarferol. Rhywbeth oedd bron yn fathemategol. Fe ddysgais fy hun i winio. I ddilyn patrwm. I weithio mesuriadau allan. I greu ffrogiau bach i'm merch fach i wisgo. I ddefnyddio peiriant gwinio. Roedd y ddwy ohonon ni'n elwa felly. Ro'n i'n dysgu ffordd arall o feddwl. Ffordd ymarferol lle'r oedd trefn a disgyblaeth i bob toriad. Ac roedd hithau'n cael ffrogiau bach hardd.

Yna, weithiau, fe fyddwn i'n cael diwrnod da. Byddai'r meddyliau'n dod lai a llai. Byddwn i'n mentro i'r parc. Yn mynd i eistedd yn nhŷ fy chwaer yng nghyfraith i gael cwmni. Pan fyddwn i'n cael diwrnod drwg, byddwn yn atgoffa fy hun am yr holl gynnydd ro'n i wedi ei wneud. Byddwn i'n dilyn patrwm arall. Yn creu sgert fach. Yn edrych ar y wên ar wyneb fy merch. Yn rhoi bàth i'm mab bach a'i wylio'n mwynhau'r bybls. Yn canolbwyntio ar y presennol. Lliw ei wallt. Yn ysgrifennu ei eiriau newydd i lawr mewn llyfr bach. Ac yna, rhyw ddiwrnod, roedd y diwrnodau da'n dod yn fwy aml na'r rhai drwg. Dwi ddim yn mynd i ddweud celwydd. Fe barodd yr iselder am ryw flwyddyn ac fe gymrais y tabledi am ryw chwe mis ar ôl hynny. Doedden nhw ddim yn ateb syml ond dwi'n gwybod iddyn nhw fy helpu i. Ac fe aeth y misoedd heibio ac fe ddes i oddi ar y tabledi'n rhwydd.

Sut o'n i'n gwybod bod y salwch ar drai? Wel, dwi'n cofio mynd i'r dre, a'm merch fach tua dwy oed erbyn hyn. Roedd eisiau trio rysêt arna i a dwi'n cofio mynd heibio i siop goginio a mynd i brynu cyllell newydd oherwydd nad oedd gen i rai da yn y tŷ. Dwi'n cofio meddwl dim wrth ddod â'r gyllell adre a choginio, cyn ei golchi a'i lluchio hi i'r drôr a'i gau gan feddwl beth i'w wneud i bwdin. Ac yna fe sefais i, yn gwrando ar y plant yn chwerthin ar rywbeth yn y cefndir, a sylweddoli bod fy meddwl i'n llawn chwerthin a choginio yn hytrach na chyllyll a thywyllwch.

Ac efallai y byddai'n syndod ichi glywed na fydden i'n newid y profiad am y byd. Fe ddysgodd lawer imi. Fe ddysgodd imi pa mor fregus yw'r meddwl a pha mor bwysig yw hi i edrych ar ei ôl. Fe ddysgodd imi fod 'digon da' yn ddigon da weithiau. Dwi'n medru gweld arwyddion iselder mewn pobl eraill yn hawdd erbyn hyn a dwi'n gweld mai cryfder yw dangos a siario baich weithiau. Dwi hefyd yn meddwl ei bod hi'n ddyletswydd ar famau i gefnogi mamau eraill. Mae 'na bwysau i wneud pethau'n 'iawn'. I gael patrwm fel hyn ac i beidio â defnyddio 'dymi' ac i… ac i… ac i… Fe ddysgodd y profiad imi y dylen ni fod yn garedig. Yn garedig at ein hunain a thuag at famau eraill. Mae hi'n bwysig edrych ar ôl y fam. I fod yn fam i'r fam ac i fod yn onest â'n gilydd. Mae byd lle mae unrhyw angen am help yn cael ei weld fel gwendid yn fyd caled iawn ar bawb ac, yn aml, mamau eu hunain sydd fel petaen nhw'n benderfynol o gadw'r ddelwedd berffaith yma.

Ar ôl gwella

A'r pryder mwyaf oedd gen i ar ôl gwella oedd a fyddai'r profiad wedi effeithio ar berthynas fy merch a finnau. I'r gwrthwyneb. Mae hi'n groten fach hapus a chariadus tu hwnt ac ar ôl bod trwy'r fath brofiad dwi'n gwerthfawrogi'r ddau blentyn yn fwy ac yn diolch i Dduw am gael bod yn fam iddyn nhw. Yn wir, r'yn ni'n newydd groesawu ein trydydd i'r byd! Dwi'n gwybod bod yna berygl i'r salwch ddod yn ôl ond rydyn ni fel teulu wedi siarad am y risg. Gobeithio y bydda i'n iawn, ond os na fydda i, fe gymra i driniaeth ynghynt, a dwi'n gwybod, â sicrwydd y tro yma, mai cyfnod fydd e ac y daw'r iselder i ben yn y diwedd. Ac os bydd fy merch eisiau dechrau teulu ei hun rhyw ddiwrnod, fe fydda i'n dangos hwn iddi. Fel ei mam, ac yn fwy na hynny, fel merch, dwi'n teimlo dyletswydd arna i i siario'r ychydig hyn rydw i wedi ei brofi gyda hi er mwyn iddi gael gwybod bod colled ac iselder yn rhannau naturiol a normal o gael teulu, ac wrth siarad amdanyn nhw y gallwn ni oleuo'r tywyllwch i ferched eraill.

---

1   Office of National Statistics 'Caesarean section rate in Wales 2011–12.'

2   The Miscarriage Association.

3   Abramowitz, J.S. Schwartz, S.A, Moore, K.M a Luenzmann, K.R (2003) 'Obsessive compulsive symptoms in pregnancy and the puerperium: A review of literature', *Journal of Anxiety Disorders*, 17, 461–478.

4   Barr, J. a Beck. C (2008). 'Infanticide secrets: Qualitative study on postpartum depression', *Canadian Family Physician*, 54, 1716–1717.

5   Association for Post-Natal Illness.

'1 in 5 people have dandruff.

1 in 4 people have mental health problems.

I've had both.'

Ruby Wax

Salwch yw e

GERAINT HARDY

Mae mor anodd i'w ddeall, a dwi'n deall hynny. Ond salwch yw e.

Byswn i'n filiwnydd petawn i'n cael punt am bob tro dwi wedi clywed rhywun mewn sgwrs yn dweud ei bod hi'n hawdd peidio yfed. Jyst stopiwch, penderfyniad yw e. Os ydyn nhw moyn stopio go iawn, mi wnân nhw. Maen nhw'n hunanol ac yn penderfynu yfed.

I ryw raddau, o'n i'n arfer credu hynny pan o'n i'n blentyn, a Mam yn meddwi'n gaib bob noson o'r wythnos. Dwi'n cofio gweddïo, gofyn yn fy nagrau, gweiddi ac ymbil ar Mam i stopio.

Dwi'n cofio bod yn flin fel cacwn gyda hi am ei bod hi'n methu stopio yfed ac yn ypsetio pawb o'i chwmpas. Gorchwyl ddyddiol i mi oedd gwagio'i photel jin a rhoi dŵr ynddi yn lle hynny, yn y gobaith na fyse hi'n sylwi. Ond mi oedd hi, bob tro, ac oherwydd y salwch – ie, salwch – mi oedd yn rhaid i Mam yfed. Roedd hi'n gaeth ac roedd y salwch wedi dal ynddi go iawn.

Mae'r ffaith mai salwch yw alcoholiaeth yn rhywbeth hynod o anodd i'w ddeall i bobl sydd ddim wedi dioddef neu heb fod o gwmpas rhywun sy'n dioddef. A dwi ddim yn credu bod unrhyw un, ddim hyd yn oed fi na Mam nac unrhyw *addict*, beth bynnag yw'r *addiction*, yn gallu deall go iawn. Mae'n rhaid iddyn nhw, a'r bobl o'u cwmpas, ddod i delerau â'r ffaith fod alcohol yn wenwyn iddyn nhw, yn difetha a dinistrio popeth o'u cwmpas, yn cydio ynddyn nhw ac yn eu tywys i fyd tywyll fedr neb ei ddeall o gwbl.

Mae'r ffaith fod yr alcoholig yn wahanol, bod eu DNA nhw'n wahanol i DNA person iach, yn rhywbeth mae'n rhaid dod i delerau ag e. Nid eu bai nhw yw e. Salwch yw e, fel unrhyw salwch arall, a rhaid derbyn hynny a chyfaddef hynny cyn y medrwch chi symud ymlaen a helpu, neu symud ymlaen gyda'ch bywyd.

Mae'n gallu cymryd blynyddoedd i'r claf gyfaddef i'r salwch ac, o bosib, mae rhai pobl yn dal dig am byth am yr holl drwbl y mae wedi achosi i'w hanwyliaid.

Gydag amser y des i i ddeall mai salwch yw alcoholiaeth, nid dewis. Dwi ddim yn dal unrhyw ddig at Mam am fod yn sâl drwy gydol fy mhlentyndod. Pam fyswn i'n beirniadu rhywun am fod yn sâl? Pam fyswn i'n beirniadu rhywun am fod yn yr ysbyty a bod rhaid i mi fynd yno i'w gweld? Fyswn i ddim, a ddylai neb arall chwaith. Ond, yn anffodus, mae pobl yn beirniadu. Yn gwrthod cyfaddef mai salwch yw e ac yn ceisio ffeindio bai. A dyna wendid pobl – fedrwn ni ddim derbyn rhywbeth heb esboniad pendant. Mae rhaid bod 'na reswm dros yr yfed, mae rhaid bod 'na fai ar rywun – yn yr achos yma, y claf.

Ond y gwirionedd yw does dim bai. Does dim pwynt chwilio am reswm pam mae hyn yn digwydd. Y gyfrinach yw jyst dod i delerau â'r ffaith bod hyn yn digwydd a dyna ni. Derbyn nad oes rheswm pam ac wedyn, dim ond wedyn, y gall aelod o deulu neu ffrind fynd ati i helpu'r claf, neu helpu i leihau'r ffiniau sydd wedi cael eu creu, a dechrau symud ymlaen.

Mae hi'n anodd, dwi'n deall hynny, ond weithiau mae pethau jyst yn digwydd, yn anffodus, a dyw bywyd ddim yn hawdd. Ond dwi'n byw mewn gobaith, yn y byd rydyn ni'n byw ynddo heddi, bod addysg yn gwella, bod oedolion cul yn agor eu meddyliau ac yn gadael i'r dicter fynd, yn dod i delerau â'r salwch a'r hyn sydd wedi digwydd. Mae dal dig a chwilio am fai yn ddinistriol ac yn ffordd annifyr iawn o fyw.

Fe wnes i dderbyn salwch Mam, troi bob sefyllfa medrwn i yn bositif a gweddïo bod diweddglo hapus. Yn ffodus i mi, mi oedd yna – mae Mam yn byw o ddydd i ddydd yn iach a does dim gronyn o fai byth yn cael ei grybwyll oherwydd, yn syml, does dim bai.

Dwi'n byw mewn gobaith bod *stereotypes* yn cael eu newid, bod pobl yn gallu bod yn agored eu meddyliau a'n bod ni fel cymdeithas yn troi i helpu yn hytrach na throi cefn a chau drws ar y bobl sydd ein hangen ni fwyaf.

Mae hi mor anodd deall, a dwi'n deall hynny, ond salwch yw e. A gyda'r ddealltwriaeth mai salwch yw e, mae bywyd lot haws, credwch chi fi.

'The bravest thing
I ever did was
continuing my life
when I wanted to die.'

Juliette Lewis

Hergest

MALAN WILKINSON

Fis Hydref 2013, ar ôl dioddef episod dwys o iselder a barodd am rai misoedd, roedd rhaid i mi dreulio cyfnod yn uned iechyd meddwl Hergest, Ysbyty Gwynedd ym Mangor, gan fod meddygon o'r farn fy mod i'n beryg i mi fy hun. Byddwn i'n treulio tri mis yno dan ofal dwys staff, nyrsys, seiciatryddion a seicolegwyr. Er na wyddwn i ar y pryd, byddwn i'n treulio cyfnod arall yno rai misoedd yn ddiweddarach ar ôl cael fy nal gan heddwas yn ceisio cyflawni hunanladdiad ar Bont Borth.

Pytiau yn unig o fy nyddiaduron sydd isod. Y cyfnodau tymhestlog a'r atgofion ysgafnach, cofiadwy. Am resymau amlwg, nid wyf yn cyfeirio at nac yn enwi cyd-gleifion ac aelodau staff. Bwrw goleuni ar brofiad personol ydw i yma, felly, fel rydw i'n ei gofio. Er bod rhannau'n anodd i'w darllen, roedd rhaid i mi geisio bod mor onest â phosibl er mwyn i'r gwaith fod o unrhyw werth o gwbl. Rwy'n gobeithio y bydd y pytiau'n cynnig gobaith i unigolion sy'n brwydro brwydrau tebyg neu sydd â theulu a ffrindiau sy'n dioddef o iselder ysbryd neu o gyflyrau iechyd meddwl eraill. Rydw i hefyd yn gobeithio di-stigmateiddio fymryn ar y ddelwedd sydd gan bobl o ysbytai meddwl. Weithiau, dyma'r

45

opsiwn gorau. Yr unig opsiwn sydd ar ôl. Fe ges i ofal arbennig
dan ddwylo staff uned Hergest. Mae modd dod drwy grafangau
iselder drwy gymorth meddygol a chefnogaeth ffrindiau a theulu.

'Wnes i erioed ddewis byw ac mae'n debyg na cha i ddewis marw...'

Y noson gyntaf.

Dwi erioed wedi teimlo ofn fel hyn.

Eistedd ar erchwyn fy ngwely sengl yn Uned Iechyd Meddwl Hergest yn syllu ar stafell wag. Pedair wal. Golau llachar. Gwely sbyty. Troli bwyd. Sinc. Wardrob a chordynnau argyfwng coch. Bwrlwm synau meddygol yr uned yn eco gwan yn y cefndir. Ond, y stafell foel dwi'n eistedd ynddi yn boddi yn ei thawelwch ei hun.

Jyst fi a'm meddyliau – yr hyn a'm gyrrodd i yma yn y lle cyntaf. Yr angen i ddiweddu fy mywyd. Terfynu'r daith felltigedig y ces i 'ngorfodi i deithio arni. Yr holl gynllwynio a gobeithio, a minnau nawr dan oruchwyliaeth feddygol barhaus, yn eistedd mewn stafell fechan, yn garcharor yn fy nghroen fy hun.

Pam na cha i fod yn feistr ar fy ffawd fy hun? Creu a phennu fy niwedd fy hun? Fel y mae artist gwerth ei halen yn mynd ati i saernïo campwaith? I greu darlun sy'n ddatganiad oesol – yn ddechrau, canol a diwedd.

Asesiadau.

Cwestiynau.

Profion meddygol.

Rhagor o gwestiynau.

Ymgyngoriadau.

Adroddiadau gan seiciatryddion, seicolegwyr, nyrsys, gweithwyr gofal iechyd, gweithwyr cymdeithasol a therapyddion.

Staff yn cadw golwg arna i o amgylch y cloc. Yn dadansoddi ac yn asesu fy nghyflwr wrth i mi lyncu cyffuriau dair/bedair gwaith y dydd.

Ond mae gen i'r holl amser yn y byd i gasglu meddyliau rŵan. I lunio cynlluniau a bod yn greawdwr fy ffawd fy hun. Ond sut ydw i am wireddu'r dymuniad hwn a minnau'n gaeth i furiau a threfn yr uned? Yn slâf i goctel o foddion sy'n cynnwys gwrthiselyddion cryf, tabledi tawelu, a thabledi gwrthseicotig yn ddiweddarach.

Wnes i erioed ddewis byw ac mae'n debyg na cha i ddewis marw.

Statws 3

Wedi cael fy nal yn ceisio crogi fy hun yn fy stafell. Seiciatryddion wedi fy rhoi ar 'Statws 3', dan oruchwyliaeth barhaus ac yng ngolwg aelod staff 24/7. Wedi tynnu fy holl lîds oddi arna i gan gynnwys sythwyr gwallt, *charger* ffôn a belts. Does gen i ddim hyd yn oed yr hawl i ymolchi a siarad ag ymwelwyr mewn preifatrwydd. Mae'n bedwar o'r gloch y bore arna i'n sgwennu'r cofnod hwn yn fy ngwely – cael problemau cysgu gan fod 'na aelod staff yn eistedd wrth erchwyn fy ngwely (dan olau lamp) yn syllu arna i.

Alla i ddim diodda hyn.

Sebon

Wedi dechrau ar dabledi gwrthseicotig heddiw. Ddim wir yn deall pam chwaith, heblaw 'mod i eu hangen nhw, yn ôl y doctor.

Mi ddaeth seiciatrydd i 'ngweld i ar ôl i mi fynnu bod staff y ward yn tynnu'r holl focsys sebon oddi ar waliau'r uned ac o stafelloedd ymolchi'r ward. Doedd hyn ddim yn bosibl, meddan nhw – yn arbennig ddim yn y stafelloedd ymolchi a'r toiledau cymunedol. Ond mi ddaeth aelod o staff i dynnu'r bocs sebon oddi ar wal fy stafell i. Diolch byth!

Wnes i egluro, yn syml a phwyllog, bod gen i reswm da i gredu mai sebon yr uned oedd yn gyfrifol am gadw rhai cleifion yn gaeth i'r sbyty am gyfnodau hirach. Gwneud pobl yn waelach. Wnes i hefyd bwysleisio y dylai'r staff gymryd mantais o'r wybodaeth arbenigol hon a gweithredu ar unwaith, cyn i'r sefyllfa waethygu. Wnes i egluro bod cemegion mewn sebon sy'n gweithio'u ffordd i lif y gwaed ac yna'n adweithio â'r coctel cyffuriau i ddwysáu afiechyd. Bydd pob adwaith corfforol ychydig yn wahanol, wrth reswm, gan fod cyfuniad moddion pob claf yn wahanol. Dyma sy'n gwneud y sefyllfa'n un mor gymhleth ac anodd i'w rheoli.

Bosib bod yr awdurdod iechyd yn ddall i'r posibilrwydd mai cytundeb rhwng y gwneuthurwyr sebon safonol a'r cwmnïau fferyllol enfawr sydd wrth law fan hyn. 'Buddsoddiad mewn busnes' yw'r gwneuthurwyr sebon yn y pen draw, sy'n trio gwneud elw – elw sy'n ddibynnol ar barhad afiechydon a heintiau. Dyna farchnad y cwmni. Rydan ni yn ei chanol hi yn fan hyn.

Yn anffodus, doedd dim modd symud y bocsys sebon i gyd, dim ond yr un yn fy stafell i. Wnes i hysbysu'r staff na fyddwn i'n defnyddio'r sebon o hyn ymlaen, dim ond fy sebon fy hun. Mi wnes hefyd fynnu cael pâr o fenig du ganddyn nhw (fel nad oeddwn i'n gorfod cyffwrdd unrhyw beth oedd â gronynnau sebon arnyn nhw ar ôl i bobl eraill eu cyffwrdd!). Dwi'n bwriadu cysgu yn gwisgo'r menig hefyd.

Er bod meddygon a nyrsys wedi gwrando arna i, dwi ddim yn cael yr argraff eu bod nhw'n cymryd fy rhybuddion o ddifrif. Mi fydd rhaid i mi fy hun ledaenu'r gair ar y ward felly, a goleuo cleifion eraill am ddifrifoldeb y sefyllfa. Wna i byth adael os dwi'n cario mlaen i ddefnyddio'r sebon.

Newyddion da

Wedi bod ar Statws 3 am wythnos gyfan bellach. Teimlo mor rhwystredig, ond ychydig yn fwy sefydlog ynof fi fy hun. Newyddion da heddiw – mae'r doctoriaid wedi fy nhynnu oddi ar Statws 3 ac yn fy rhoi ar *checks* deg munud. Ga i gysgu heb aelod o staff yn fy stafell yn syllu arna i. Mi ga i gau drws fy stafell ymolchi yn y bore hefyd. Ga i breifatrwydd efo ymwelwyr. Os ydy *checks* deg munud yn mynd yn dda, mi ga i ugain munud, wedyn hanner awr. Dwi eisiau fy rhyddid yn ôl.

Dwi 'di mynd i deimlo fel carcharor yma.

Lliwio

Fe ges i gynnig mynd am dro y tu allan i furiau'r uned heddiw hefo aelod staff a chriw bychan o gleifion. Mi ga i fynd allan hefo aelod o staff neu dywysydd, ond ddim ar fy mhen fy hun. Wnes i ystyried yr opsiwn am chydig eiliadau (jyst i fod yn gwrtais, gan fod yr arweinydd wedi gofyn mor glên!) cyn gwrthod. Allwn i feddwl am ddim byd gwaeth na gorfod mân sgwrsio efo pobol dwi'm yn eu nabod. Pobl dwi'm yn teimlo llawer o ddim yn gyffredin â nhw! Sgen i mo'r egni na'r ewyllys i wneud y math yna o ymdrech.

Ges i hefyd gynnig ymuno â'r dosbarth ioga wythnosol! Mae cymryd rhan mewn gweithgareddau grŵp yn torri ar ddiwrnod cleifion, debyg, ac yn helpu adferiad. Dwi'm yn credu y medra i gymryd rhan mewn grŵp ioga pan mae jyst codi, bwyta ac anadlu yn orchwylion mor boenus ar hyn o bryd. 'Sa'n well gen i edrych ar baent yn sychu. A dyna be wnes i brynhawn heddiw.

Mae 'na beintwyr yn yr uned yn peintio waliau'r coridorau. Feddyliais i am eiliad eu bod nhw am weddnewid yr uned, peintio darluniau lliwgar o'r Bahamas ym mhob man. Coed palmwydd, coctels, hetia haul. Merched. Dim ffasiwn lwc! O fod yn wyn yn wreiddiol, mae'r waliau rŵan yn shêd o wyn, y mymryn lleia'n 'gynhesach'. Yng ngwres y foment, gofynnais i aelod o staff oedden nhw wedi 'comisiynu ymchwil arbenigol seicolegol' i mewn i oblygiadau lliwiau paent ar ysbryd cleifion (jôc i fod)... Aeth i lawr fel bricsan!

Ges i wedyn gynnig lliwio. Teimlo braidd fel 'mod i'n ôl yn yr ysgol feithrin. Wedi gwylltio'n gacwn hefo staff pan ofynnodd un wrtha i a oeddwn i awydd dewis pensiliau lliw a lliwio lluniau anifeiliaid yn y stafell gyffredin. Gwrthod wnes i cyn i aelod o staff ofyn tybed o'n i awydd lliwio ar fy mhen fy hun yn fy stafell. Mae lliwio yn therapi, debyg, felly dyna wnes i am weddill y pnawn. Mi liwiais i lun llygoden rhwng canghennau coed, a llun milgi.

Mae'n haws ildio.

Cyfri'r munudau

Mae pob munud yn teimlo fel awr.

Pob awr fel oes.

Dwi'n cael dipyn go lew o ymwelwyr ond yn ei chael hi'n anodd iawn mynegi emosiwn a siarad am bethau 'go iawn' hefo nhw. Dwi wedi hen ddiflasu yma. Dwi'n cyrlio'n belan yn fy ngwely ac yn cysgu gymaint â fedra i (drwy'r dydd, os ga i) er mwyn i'r amser basio chydig cyflymach. Ond cael fy neffro fydda i bob tro, i gymryd fy nghoctel cyffuriau.

Statws 3

Dwi'n ôl ar Statws 3 ar ôl cael fy nal yn ceisio mygu fy hun.

Mi ges i fy nal gan weithiwr gofal. Ro'n i wedi mynd y tu ôl i ddrws fy stafell ar ôl *check* deg munud, wedi eistedd yn belan ar lawr o dan y sinc i geisio cyflawni'r weithred. Eisiau i bopeth fod drosodd. Eisiau llonydd, fy enaid i angen tawelwch. Aeth pob man yn dawel am gyfnod eitha hir. Dim ond sŵn y plastig yn tynnu a rhoi. Fy meddwl i'n rasio. Straen anadlu cyn i glychau'r uned ganu'n uchel a llwyth o nyrsys a staff yn gorfodi'u hunain i mewn i'm stafell i. Wnes i ddim rhoi chwaith. Dim ond dal yn dynn ar y plastig o gwmpas fy ngwddw. Colli'r frwydr gorfforol wnes i.

Roedd lot mwy ohonyn *nhw.*

Casáu gorfod ceisio chwilio am ffyrdd o gyfiawnhau ac egluro fy ngweithredoedd a'm sefyllfa i'm chwiorydd a'm teulu. Dydyn nhw ddim yn haeddu hyn. Fy newis i ydy ceisio gorffen pethau. Trio dianc o'r tywyllwch tew yma sy'n fy llethu bob diwrnod. Mae'r bwgan salwch wedi cipio fy holl synhwyrau bellach. Does gen i ddim rheswm i barhau.

Mae staff yr uned wedi bod drwy fy stafell ac wedi cymryd pob bag plastig (rhai ro'n i wedi bod yn eu casglu ers hydoedd ar ôl derbyn rhoddion gan ymwelwyr) ac unrhyw ddeunyddiau eraill y gallwn i eu defnyddio i geisio lladd fy hun. Mae fy stafell i'n edrych yn hollol foel. Maen nhw hefyd wedi troi fy wardrob i wynebu'r wal, fel nad ydw i'n medru defnyddio crysau fel *ligatures.* Mae'n rhaid i mi ofyn i aelod o staff os dwi angen mynediad i'r wardrob rŵan. Unrhyw ddigwyddiad arall ac mi fyddan nhw'n symud fy wardrob i o'r stafell yn llwyr, meddan nhw. Dwi rioed wedi teimlo mor gaeth. Fel anifail mewn sw. Dwi'n gwrthod bwyta yn y Dining Room. Dwi'n cael pob pryd yn fy stafell.

Diolch, Alfie

Diwrnod anodd heddiw.

Teimlo'n ddiurddas ac isel ar Statws 3. Cael trafferth codi, siarad, molchi, bwyta, llyncu tabledi, meddwl.

Heb wneud lot – dim ond cymryd cyffuriau a chysgu.

Ond profiad hyfryd oedd gweld Alfie, y ci therapi. Yn ôl ei berchennog, mae o'n hoffi mwythau gan gleifion ond hefyd yn hoffi ei ofod ei hun a gwneud ei benderfyniadau ei hun, yn ei amser ei hun. Heddiw oedd y tro cyntaf erioed iddo ddewis mynd i mewn i stafell wely claf, yn hytrach nag aros yn y fynedfa y tu allan i orsaf y nyrsys. Mae pawb wastad yn heidio at Alfie yn y fan honno.

Heddiw, mi ddaeth i mewn i'm stafell i, gorwedd ar fy ngwely a chau ei lygaid. Y ddau ohonom yn gorwedd yn llonydd wrth ymyl ein gilydd. Ddywedodd neb air, jyst edrych arnon ni. Dau nyrs, perchennog y ci a'r therapydd galwedigaethol. Wnes i ei fwytho am ugain munud dda, mewn tawelwch. Y fo a fi. Pan gafodd o'r alwad gan ei berchennog ei bod yn amser mynd, mi wrthododd symud am ddeng munud cyfan! Roedd rhaid i mi godi o'r gwely yn y diwedd a cheisio dwyn perswâd arno (gyda bisged) cyn iddo benderfynu rhoi un bawen o flaen y llall.

Teimlad arbennig.

Diolch, Alfie.

Cyfri colomennod

Un o'r pethau dwi'n golli fwyaf fan hyn ydi fy rhyddid. Rhyddid i godi a gwneud fel dwi'n mynnu. Dwi'n teimlo fel 'mod i'n gwylio ffilm ddu a gwyn o 'mywyd ar sgrin fawr – golygfeydd yn pasio o flaen fy llygaid a minnau'n dyst i'r cyfan fel delw, yn gwbl ddiymadferth. Dwi hefyd yn ei chael hi'n anodd iawn i fynegi emosiwn. Sgil-effaith yr iselder a'm coctel cyffuriau, o bosib.

Wedi cael sawl ymweliad heddiw a phob math o roddion hael (lot o gardiau, siocled a llyfrau sgwennu!). Bechod nad ydw i'n medru 'meddwl yn greadigol' i wneud defnydd o'r llyfrau! Tudalennau gweigion yn gwneud llawer mwy o synnwyr i mi ar hyn o bryd.

Dwi hefyd wedi colli fy archwaeth am fwyd. Ges i neges gan y nyrs heddiw yn dweud eu bod nhw'n monitro faint o 'mhrydau dwi'n eu bwyta o hyn ymlaen, ar ôl sylwi ar ddirywiad yn fy mhatrwm bwyta dros y dyddiau diwethaf.

Yr hyn roddodd fwyaf o bleser i mi heddiw oedd mynd allan i iard gefn yr uned i gyfri colomennod. Mae 'na broblem colomennod yn yr iard, mae'n debyg, medda aelod staff wrtha i. Gormod ohonyn nhw o lawer. Mater o farn ydy hynny, medda fi wrthi. Gwaethygu wnaeth y sgwrs. Debyg bod y sbyty wedi talu am wasanaeth difa/saethu colomennod yn y gorffennol i fynd i'r afael â gorboblogi – oedd yn ei dro yn achosi risgiau iechyd a diogelwch i gleifion y sbyty. Meddan nhw. Ffordd gwbl giaidd ac annynnol o fynd i'r afael â'r fath sefyllfa. Techneg hollol aneffeithiol yn y tymor hir hefyd. Ges i'r ffasiwn siom wrth ddeall bod staff meddygol yn medru bod mor greulon. Yn medru cyfiawnhau lladd creaduriaid mor hardd.

Beth bynnag am hynny, mi dreuliais i ran helaethaf

heddiw yn cyfri ac yn enwi colomennod yr uned. Mae pob un ychydig yn wahanol i'r llall. Yn cerdded yn wahanol. Wedi'i farcio'n wahanol. Yn bwyta'n wahanol. Yn canu'n wahanol. Yn cyfeillio'n wahanol. Yn nythu'n wahanol. Yn paru'n wahanol. Yn hedfan yn wahanol.

Mae 'na Sandra, Tom, Martha, Beryl, Nansi, Caradog, Zack, Zack Jr ac Alwyn. Cerddais mewn cylchoedd o amgylch yr iard a chyflawni cyfanswm o bron i 20,000 o gamau wrth astudio'r colomennod pnawn 'ma. Mi faswn i wedi cario mlaen i gerdded, heblaw bod aelod o staff eitha annwyl wedi fy mherswadio i stopio cerdded mewn cylchoedd, er mwyn i mi gael paned. Ro'n i'n ei gwneud hi'n chwil, mae'n debyg.

Dwi'n mynd i gysgu heno yn gwrando ar gŵan colomennod. Sain hollol hyfryd, sain y medra i ymgolli ynddo'n llwyr. Dwi am gau synau meddygol y ward allan o 'mhen heno. Pwy a ŵyr? Ella gwna i hyd yn oed freuddwydio am Sandra, Tom, Martha, Beryl a'r criw. Tan bore fory.

Y Stafell Dawel

Mae pawb arall yn mynd i'r stafell deledu neu'r lolfa i siarad, rhannu profiadau, yfed paneidiau a gwylio teledu. Ond alla i ddim bod yn fi fy hun yno – ddim tra dwi'n credu bod 'na bobol yno'n recordio fy sylwadau/sgyrsiau. Yn gwrando ar bopeth. Mi gerddais i mewn i'r stafell heddiw (dim ond achos bod ffrind wedi gofyn i mi eistedd yno efo hi am dipyn dros banad). *Homes under the Hammer* oedd ar y teledu, a hithau'n siarad bymtheg y dwsin am 'I love life'. Rhewi wnes i pan ofynnodd hi be oedd fy marn i ar y pwnc roedd hi'n traethu amdano. Ro'n i jest methu siarad. Methu yngan yr un gair – rhag i'r deallusion sy'n rheoli gwybodaeth a sgyrsiau drwy'r recordiadau stafell gamgymryd fy marn a geiriau mewn cod a'm herlid.

Dŵr oer

Mae'r lle 'ma wedi mynd i 'ngwaed i bellach, yn llifo drwy 'ngwythiennau i. Dwi'n anadlu, bwyta ac yn cysgu yma. Mae pob dim yn teimlo'n ara deg. Dwi'n teimlo'n ddiemosiwn ac ar goll. Er bod sesiynau therapi yn helpu, y frwydr fwyaf i mi ydy byw yn fy nghorff a'm meddwl fy hun.

Dyna pam y penderfynais i roi sioc i'n system i heno. Gweld os gallwn i drio teimlo rhywbeth eto. Adfer darn bach o fi'n hun cyn ei bod hi'n rhy hwyr.

Cloi drws y stafell molchi. Llenwi'r bàth â dŵr oer.

Tynnu fy esgidiau a'm sanau.

Diffodd goleuadau'r stafell fawr ac eistedd yng nghanol y bàth yn syllu i'r tywyllwch. Dim ond y golau larwm coch yn syllu yn ôl arna i.

Teimlo'r dŵr oer yn treiddio drwy fy nhrowsus a 'nghrys nes 'mod i'n crynu drwydda i.

Wedyn, estyn am fy nghlustffonau, eu gosod ar fy nghlustiau a chodi lefel sain y gerddoriaeth ar fy ffôn symudol i'w lefel uchaf bosib.

Fy hoff gerddoriaeth, Rachmaninoff.

Syllu i'r düwch.

A thrio... trio'n galed i deimlo rhywbeth. Rhywbeth gwahanol. Rhywbeth go iawn.

Teimlo cord fy nghlustffonau yn disgyn naill ochor i 'ngwddw. Yn rhwbio'n ysgafn wrth i'r gerddoriaeth chwarae.

Lapio cord y clustffonau o amgylch fy ngwddw a thynnu wrth i'r gerddoriaeth barhau.

Larymau'r uned yn canu a gofalwyr a nyrsys yn brysio i mewn. Rhoi'r golau mlaen a rhwygo'r clustffonau oddi wrtha i. Nôl tywelion a 'ngorfodi i allan o'r bàth.

'Malan, why did you do this? Tell us! Why? What were you thinking?'

'I just wanted to feel something different.'

Piano

Wnaeth un o'r staff gofal (fy hoff aelod o staff) ddysgu heddiw 'mod i'n caru chwarae piano. A 'mod i heb chwarae'n iawn ers ennill yr Unawd Piano yn Eisteddfod Ryngwladol Llangollen yn 15 oed neu, a bod yn fwy manwl, ers colli Mam yn 17 oed. Ges i gynnig mynd i ward arall i chwarae piano. I drio mynegi chydig o emosiwn. A finna'n desbret i drio teimlo rhywbeth real, fe wnes i gytuno – ar yr amod 'mod i'n chwarae mewn stafell dawel. Ar fy mhen fy hun. Neb yn gwrando (heblaw am yr aelod o staff sy'n gorfod eistedd wrth fy ymyl!).

Mi dynnais i fy oriawr, ei gosod yn ofalus ar y stand piano gwag ac eistedd yno am ddeg munud yn syllu ar y nodau. Ro'n i'n trio meddwl lle i ddechra. Be o'n i'n ei gofio, os o gwbwl. Faswn i'n medru chwarae, dros ddegawd yn ddiweddarach?

Fe chwaraeais i fymryn o nodau yn araf i ddechra. Un ar ôl y llall – yn dawel. Dim un o'r nodau'n sticio, a'r *upright* mewn tiwn eitha da. Un rheswm i wenu mymryn i fi fy hun. Ar ôl tipyn, mi ddechreuais i chwarae'n araf – 'Moonlight Sonata' gan Beethoven – y gerddoriaeth mor llonydd, er 'mod i'n teimlo rhywbeth graddol yn rhwygo'n agored y tu mewn i mi. Collais drac ar amser wedyn. Dwi'n gwbod 'mod i wedi byrfyfyrio mymryn ac wedi mynd i'r afael â'r hyn ro'n i'n gofio o breliwdiau gwych a chymhleth Rachmaninoff, wedyn chydig o Liszt. Ac yna, ymlaen i alawon hyfryd hwyrganau Chopin. A dyna pryd wnes i sylwi bod rhai o nodau'r piano'n wlyb, a bod 'na ddagrau'n diferu i lawr fy ngwyneb. Mi stopiais i'n stond, cyn edrych ar yr aelod o staff mewn cymysgedd o ansicrwydd, panig a chywilydd. Er syndod, roedd hi'n crio hefyd. Mi ges i'r hyg fwyaf erioed. Ro'n i a hi'n gwybod, heb ddweud dim, na fyddwn i'n chwarae rhagor o biano heddiw.

Ella fory.

Syrpréis

Dros y diwrnodau diwethaf, mae aelodau staff yr uned wedi bod yn cymryd eu tro i ddod efo fi i Ward Cynan i chwarae piano am gwpwl o oriau bob dydd. Dwi'n chwarae emynau efo rhai aelodau staff, clasuron pop efo rhai eraill, ond cerddoriaeth glasurol efo'n hoff aelod o staff. Mae pob dydd yn teimlo'n haws rywsut. Dw inna yn teimlo chydig gwell ynof fi fy hun.

Bore 'ma, ges i 'neffro gan fy hoff aelod o staff. Roedd ganddi syrpréis i mi, medda hi. Roedd hi wedi trefnu eu bod nhw'n rowlio'r piano i'n ward i yn arbennig, i mi gael chwarae pryd bynnag ro'n i eisiau. Roedd hi hefyd yn meddwl y byddai'r gerddoriaeth yn rhyw fath o therapi i gleifion eraill y ward.

Diwrnod arbennig.

Y byd mawr...

Heddiw, fe wnaeth rheolwr y ward adael i mi fynd allan am y diwrnod efo Dad a'm chwiorydd. Ro'n i ar ben fy nigon. Fe ges i adael ar ôl amser cinio, a dod yn ôl am dri. Ro'n i'n methu cofio'r tro diwethaf i mi anadlu awyr iach y tu allan i furiau'r uned. Ro'n i mor hapus. Fe gyrhaeddais i lyn Llanfairfechan ac mi ordrodd Dad hufen iâ i bawb ac wedyn gofyn oeddwn i awydd mynd am dro o amgylch y llyn. Dyna pryd sylweddolais i, yn fy holl ogoniant, wrth gerdded o amgylch y llyn, 'mod i... dal yn fy slipars!!! Ro'n i allan yn y byd mawr... am y tro cynta ers sbel... yn mwynhau'r foment fawr yn fy slipars.

Theimlodd hynny rioed mor wych!

Gadael

Ar ôl tri mis cyfan yn sbyty – a phedair wythnos ar Statws 3 dan oruchwyliaeth barhaus – dwi'n cael mynd adra, dri diwrnod cyn Dolig! Mae pawb yn dweud 'mod i wedi dod yn bell, wedi cyflawni gwyrth. Dwi mor hapus!! Ond feddyliais i rioed y byddwn i'n dweud hyn – mae gen i chydig o ofn gadael bellach. Gen i ofn bywyd eto, a'r meddyliau dieflig ddaeth â fi yma yn y lle cyntaf. Mae hynny'n naturiol, medda'r staff. Dwi hefyd wedi gwneud ffrindiau. Wedi dod i nabod aelodau staff. Mi fydda i'n siŵr o'u colli nhw'n fawr. Mae fy chwiorydd wedi trefnu noson arbennig i mi heno, rhywbeth dwi wedi'i chwennych ers misoedd – platiad o ginio dydd Sul a glasiad o Prosecco. Be well!

Ers gadael yr ysbyty, rydw i wedi derbyn gofal arbennig ac wedi profi adferiad, diolch i therapïau siarad, meddyginiaeth a chymorth meddygol. Rydw i'n hynod ddiolchgar i staff arbennig Hergest ac i'm seicolegydd, Simon Moseley, am ofal dwys a pharhaus pan oeddwn i ar fy ngwaethaf. Does dim amheuaeth yn fy meddwl chwaith na fyddwn i yma heddiw heb gefnogaeth ddi-baid a chariad angerddol fy chwiorydd annwyl Manon a Medi Wilkinson a'm tad Douglas Wilkinson. Mae fy niolch a'm dyled hefyd yn enfawr i'm ffrind arbennig Elin Huws, a dreuliodd oriau lawer wrth fy ymyl drwy gydol y daith. Mae'n rhaid i mi hefyd ddatgan diolch o waelod calon i'r heddwas a'm daliodd ar y bont gan arbed fy mywyd, i'm ffrindiau caredig Angharad Jôb, Sioned Glyn a Branwen Niclas am eu cymorth ac i'm holl ffrindiau a chyfoedion ehangach am eu hanogaeth a'u cariad.

'If you know someone who's depressed, please resolve never to ask them why. Be there for them when they come through the other side. It's hard to be a friend to someone who's depressed, but it is one of the kindest, noblest, and best things you will ever do.'

Stephen Fry

Ben i waered

ALAW GRIFFITHS

Dwi'n cofio sôn wrth y fydwraig pan o'n i 'di mynd rhyw
ddeuddeg wythnos fy mod wedi dioddef o iselder yn y
gorffennol, dim ond rhag ofn i mi lithro yn ôl i'r düwch
dros y misoedd oedd i ddod. Roedd y cyfnod rhwng fy
arddegau hwyr a fy ugeiniau cynnar wedi bod yn hunllefus
ar adegau ond bellach, yn 28 oed, roeddwn wedi gwella
ac yn berson gwahanol iawn. Ro'n i wedi dysgu lot fawr
amdanaf i fy hun ers y cyfnod hwnnw a do'n i ddim yn
naïf, ro'n i'n gwybod yn iawn fod angen i mi fod yn agored
am y peth efo'r fydwraig – rhag ofn. Er hynny, wnes i ddim
wir meddwl y baswn i'n dioddef ar ôl geni babi, ddim go
iawn. Pa reswm yn y byd fyddai gan unrhyw un dros fod yn
drist wrth ddod â babi bach perffaith i'r teulu? Felly, wnes i
ddim ymhelaethu rhyw lawer y diwrnod hwnnw, a wnes i
ddim sôn am y peth eto trwy gydol y beichiogrwydd.

Ro'n i wedi bod yn edrych ymlaen yn ofnadwy at gael
croesawu'r bychan i'r byd fel unrhyw riant newydd, am wn
i, ac wedi bod yn paratoi yn drylwyr ers wythnosau maith.
Doedd dim llawer ers i mi a Hywel briodi a hwn fyddai

ein babi cyntaf. Doedd yr un o'r ddau ohonom yn gwybod beth oedd o'n blaenau ond doedd dim ots, roeddem wedi gwirioni. Mi wnes i ddweud sawl gwaith ar y pryd, a dwi'n dal i ddweud rŵan, pa mor lwcus o'n i i fedru rhannu'r profiadau efo ffrindiau agos oedd yn feichiog yr un pryd. Roedden ni'n cwrdd yn aml, a babis oedd y prif bwnc bob tro, a minnau wrth fy modd, wedi dotio efo'r holl beth. Ro'n ni wedi treulio oriau yn paratoi'r tŷ, gyda help ein rhieni – tacluso, sortio, glanhau, peintio – pob un job fach yn fy llenwi efo hapusrwydd pur gan wybod fod popeth roeddem yn ei wneud ar gyfer y babi bach newydd. Ges i ambell row gan Mam a Hywel am beintio yn lle gadael iddyn nhw wneud y gwaith, ond ro'n i wedi ecseitio gymaint, o'n i methu helpu'n hun.

Yn gynnar iawn yn y beichiogrwydd bu bron i ni golli'r babi. Dros gyfnod o fis, doedden ni na'r meddygon ddim yn siŵr iawn beth oedd yn digwydd. Roedd yn rhaid aros yn amyneddgar i weld be ddigwyddai – gallai pethau'n hawdd fynd un ffordd neu'r llall. Roedd hynny'n anodd iawn, yn enwedig gan nad oeddem wedi dweud wrth rhyw lawer o bobl ar y pryd, ond roeddem yn lwcus iawn ac mi wnaeth y bychan, yng ngeiriau'r doctor, 'Hanged on in there, tightly!'

Ddeuddydd cyn y geni, ro'n i ar fy mhedwar yn sgwrio llawr pren llofft y babi ac yn symud dodrefn trwm ar fy mhen fy hun – do'n i ddim am aros i Hywel ddod adref o'r gwaith, ro'n i'n cael gormod o hwyl arni ac yn mwynhau pob eiliad o fod yn 'fam'. Ar y pryd, ro'n i'n meddwl fod gen i dros bythefnos i fynd – ond daeth y babi'n gynnar. Pan wnes i sylweddoli fod y babi ar ei ffordd, daeth ton arall o hapusrwydd drosof. Roedd yr aros bron ar ben!

Dwi'n siŵr mai stori debyg sydd gan ein ffrindiau i gyd hefyd. Cwpwl hollol normal yn paratoi ar gyfer dod â babi newydd i'n cartref am y tro cyntaf.

Difaru dweud

Aeth popeth yn iawn efo'r geni ei hun – hir, ond esmwyth ar y cyfan (mor esmwyth ag y gall geni babi fod!). Roedd cymhlethdod ar ôl y geni – roedd y babi'n iach ond bu raid i mi gael fy rhoi i gysgu a mynd i'r theatr. Cefais i gryn dipyn o ofn gan nad o'n i wedi ystyried y byddai unrhyw beth dramatig yn digwydd ar ôl i'r babi ddod. Ro'n i wedi clywed sawl *horror story* am bethau'n mynd o'i le yn ystod y geni ei hun, ond doedd neb wedi meddwl am ddisgrifio'r peryglon posib allai ddilyn yn syth ar ôl hynny. Yn fy achos i, doedd y *placenta* ddim yn dod yn rhydd fel y dylai ac roedd y sefyllfa'n mynd yn beryglus gan fy mod yn colli cymaint o waed.

Cyn cael fy ngwthio i'r theatr ar wely cul, fflat, a wynebau di-ri yn edrych i lawr arna i, dywedais wrth un fydwraig, 'That doesn't feel like my baby' a chyfeirio at y babi oedd ym mreichiau fy ngŵr. 'Nes i ddifaru'n syth wrth weld wyneb Hywel yn llawn siom. Dwi'n cofio gweddïo y byddai pawb yn rhoi'r bai ar y *gas and air*! Pam arall y byddai mam newydd sbon yn dweud rhywbeth mor hurt? Dylwn i fod wedi dweud pethau fel, 'O, yn dydi hi'n un fach dlws' a 'Dwi'n ei charu hi gymaint – dwi 'di mopio!' ond y gwir oedd nad oedd yr emosiynau cariadus yma ynof i o gwbl. Chwarae teg i'r fydwraig, daeth â chlorian i mewn i fy ystafell er mwyn i mi gael gweld y fechan yn cael ei phwyso am y tro cyntaf gan nad o'n i'n gallu cerdded draw, ac mi benderfynais innau fodloni ar y caredigrwydd yma a chadw'n dawel.

Dwi ddim yn cofio lot fawr o'r wythnosau cyntaf ac os dwi'n hollol onest, byddai'n well gen i beidio trio cofio gormod, ond mae'n anochel y bydd pethau'n llifo'n ôl rŵan wrth i mi ail-fyw'r cyfan.

Dwi'n cofio crio lot. Crio yn yr ysbyty, crio wrth gyrraedd adref am y tro cyntaf efo'r babi, crio rhwng ymwelwyr, crio yn eistedd ar y tŷ bach, yn y bàth, wrth yrru'r car, wrth y bwrdd bwyd… Dwi'n cofio'r teimlad o ysu am beidio bod yn drist. Dim ond eisiau teimlo'n normal ac yn hapus o'n i. Roedd arna i ofn dweud wrth fy ngŵr achos doeddwn i ddim eisiau iddo fo boeni. Roedd ganddo ddigon ar ei blât yn barod – babi newydd sbon oedd angen sylw bob awr o'r dydd, a gwraig oedd angen cymorth i wneud popeth hefyd. Fo oedd yn gorfod rhoi bàth i mi am yr wythnos gyntaf. Heblaw ei bwydo hi, gwnaeth bopeth dros y ddwy ohonom yn ystod y dyddiau cyntaf hynny heb air o gŵyn, dim un waith. Ro'n i'n ymwybodol o hyn a ddim am iddo fo feddwl 'mod i'n hunanol wrth swnian am deimlo ychydig yn drist. Pa reswm yn y byd oedd gen i dros deimlo fel hyn?

Mam go iawn

Pan oedd y babi yn dair wythnos oed, es i am ginio i fwyty yn y pentref efo grŵp o famau newydd sbon. Fy mabi i oedd yr ieuengaf ond dim ond o ychydig. Pawb a'u babi newydd – y rhan fwyaf ohonom yn famau am y tro cyntaf. Ges i gryn drafferth gadael y tŷ – dwi'm yn cofio'n iawn pam, ond dwi'n cofio mynd i banig fy mod yn hwyr. Fi oedd yr olaf i gyrraedd, er mai fi oedd yn byw agosaf. Dwi'n cofio teimlo embaras mawr am hyn a phoeni'n arw y byddai pawb yn sibrwd nad o'n i'n dygymod â'r dasg newydd o fod yn fam. Wrth gyrraedd ac ymddiheuro, edrychais i fyw llygaid un o'r mamau. Gwelais, o'r edrychiad caredig ar ei hwyneb, ei bod yn cydymdeimlo efo mi, yn deall, ac roeddwn yn desbret i siarad efo hi a bwrw fy mol, ond 'nes i fethu dweud dim. Ro'n i'n poeni y byddai'n fy marnu am fod yn fethiant. Aethom i gyd i eistedd, pawb â'u pram, a dewis beth i'w fwyta.

Ro'n i wedi edrych ymlaen yn ofnadwy at gael dianc o'r tŷ (er mai dim ond pum can llath i lawr y ffordd oedd y bwyty!) a siarad am bethau normal am gwpwl o oriau. Ges

i siom enfawr. Babis oedd yr unig bwnc trafod. Ro'n i jyst
â drysu. 'Nes i gynnig rhyw esgus ac off â fi adre tra oedd
pawb arall yn archebu pwdin. Yr olaf i gyrraedd, a'r gyntaf
i adael. Ro'n i'n methu dioddef bod yn y tŷ ar fy mhen fy
hun efo'r fechan, ond do'n i chwaith ddim yn medru aros
yng nghwmni fy ffrindiau pennaf. Chwalodd yr ychydig
hyder oedd gen i ar ôl yn llwyr a'r peth cyntaf wnes i ar ôl
cyrraedd adre oedd crio.

Dwi'n cofio trio cael sgwrs efo Hywel am fy nheimladau
un diwrnod, pan oedd Lleucu'n ychydig wythnosau oed, a
gofyn oedd o'n teimlo fel tad go iawn, achos do'n i ddim yn
teimlo fel mam o gwbl. Roedd hyn mor, mor rhwystredig
i mi ac yn fy ngwneud yn flin a chwerw yn aml iawn. 'Nes
i fentro dweud nad o'n i'n teimlo fel mam iawn i'r babi 'ma
ac nad oeddwn yn meddwl ei bod yn fy hoffi i rhyw lawer.
Dwi'n cofio rhyw hanner gweiddi hyn yn ymosodol – nid
blin efo Hywel o'n i, ond blin efo'r sefyllfa ac efo fi fy hun,
ond mae'n rhaid na wnes i egluro'n dda iawn oherwydd
gwylltio efo finnau wnaeth o, a 'nes i benderfynu, am y tro,
ei bod hi'n well dweud dim. Roedd y ddau ohonom wedi
blino cymaint ac yn ceisio cario mlaen gystal ag y medren
ni wrth ddygymod â'r bywyd newydd.

Es i drwy gyfnod tywyll ac unig iawn. Ble oedd yr holl
emosiynau mamol yma? Ro'n i wedi darllen am y *baby
blues*, sef cyfnod byr o rai dyddiau pan mae mam newydd
yn teimlo yn drist wedi geni'r babi. Dim ond yn ystod

yr wythnos gyntaf, medden nhw, mae'r *baby blues* yn bodoli. Er bod wythnosau wedi pasio ers y geni, 'nes i drio darbwyllo fy hun mai dyma oedd yn bod arna i, y *baby blues*, ac y byddwn yn deffro un diwrnod wedi gwella'n llwyr. Ambell waith, pan o'n i'n gwbl onest efo fi fy hun, ro'n i'n gwybod yn iawn ei fod yn ddyfnach na hynny, o lawer.

Felly be gebyst oedd yn bod arna i? Pam 'mod i'n methu bod yn fam go iawn, yr un fath â phawb arall? Ro'n i'n bwydo'r babi o'r fron, felly doedd bosib y dylwn i fod yn teimlo'n fwy mamol erbyn hyn? Ro'n i'n cael trafferth dweud 'Lleucu' yn lle 'babi' ac roedd yn gas gen i'r gwpan ges i'n anrheg gan fy ffrind annwyl gyda'r gair 'MAM' yn syllu'n hyll arna i.

Cawsom lu o ymwelwyr ar y dechrau, fel pob teulu gyda babi newydd-anedig. Pawb am groesawu'r babi newydd a phawb yn holi cwestiynau. Y cwestiwn anoddaf ohonynt i gyd oedd y cwestiwn cyntaf roedd pawb yn ei ofyn wrth ddod i'r tŷ: 'Wel, sut beth ydi bod yn fam?' Mae'n siŵr eu bod nhw yn disgwyl cael atebion fatha 'Anhygoel!' neu 'Dyma'r teimlad gore yn y byd!' ond y gwir oedd, do'n i'n teimlo fawr ddim. Ro'n i wedi blino fwy nag erioed o'r blaen, ac yn teimlo mor unig ac mor anhygoel o drist. Ro'n i'n teimlo'n flin efo nhw i gyd am ofyn cwestiwn mor wirion. Ond gwenu'n ôl yn boléit fyddwn i bob tro, a dweud 'Grêt!'

Pethau bychain

Yn ystod misoedd cyntaf bywyd fy merch, fe wnes i grio bob dydd. Fel arfer, ro'n i'n crio achos 'mod i'n teimlo'n gymaint o fethiant. Do'n i ddim yn gallu gwneud dim byd yn iawn, i'r gwrthwyneb i bawb arall a oedd yn amlwg yn mwynhau bywydau perffaith gyda babis newydd, perffaith. Wrth gwrs, mae dod â babi newydd i'r byd yn brofiad newydd ac anodd iawn i'r rhan fwyaf ohonom ond do'n i ddim yn gallu gweld hyn. Ro'n i'n cymharu fy hun ag eraill yn ddyddiol ac yn rhoi pwysau anferthol arnaf fy hun i fod yn fam dda.

Dwi'n cofio eistedd mewn bwyty yn dathlu pen-blwydd fy mam pan oedd Lleucu yn saith mis oed ac ro'n i wedi anghofio ei iogwrt hi. Roedd gen i bopeth arall yn y bag – tatws a moron 'di stwnsho, bib, potel lefrith, clytie, eli pen-ôl, *wipes*, cadach, dillad sbâr – a dweud y gwir, roedd y bag yn reit debyg i fag Mary Poppins, ond doedd dim potyn bach o iogwrt. 'Nes i feichio crio, yn un lwmp o embaras, am ei anghofio. Roedd yn deimlad ofnadwy. Mi fedra i roi fy llaw ar fy nghalon a dweud fy mod yn teimlo bod y byd ar ben. Dwi'n cofio llaw ysgafn fy chwaer yn mwytho fy nghefn wrth i Hywel bicied i'r siop i lawr y ffordd i nôl iogwrt – 'na i byth anghofio'r teimlad yma o gariad a chefnogaeth ganddi. Doedd dim angen iddi ddweud dim, dim ond dangos ei bod hi yno i mi.

Wrth gwrs, peth felly ydi bywyd bob dydd. Mae

rhywbeth yn mynd o'i le o hyd – llefrith yn disgyn ar lawr, peiriant golchi dillad yn torri, anghofio neges o'r dre – ac fel arfer rydym yn gallu delio efo'r rhain ac yn derbyn eu bod yn digwydd i bawb, ym mhob man. Ond oherwydd y salwch meddwl roedd yr holl bethau bach, dibwys yma yn gyfraniad enfawr tuag at wneud i mi deimlo'n fethiant llwyr.

Am amser hir iawn, ro'n i'n hollol argyhoeddedig fod pawb yn siarad amdana i ac yn meddwl 'mod i'n fam wael. Ro'n i'n siŵr nad oedd gen i ffrindiau 'go iawn'. Ar un llaw, roedd yn gas gen i fynd i ganol grŵp o famau a'u babis oherwydd bod pawb arall yn fam cymaint gwell na mi. Ar y llaw arall, ro'n i'n desbret am gael cwmni rhywun arall oedd yn deall pa mor anodd oedd hyn i gyd. Ond i mi, yr unig reswm roedd ffrindiau, yn rhieni neu beidio, yn cysylltu oedd er mwyn cael jôc fach, i herian. Roedd hyn yn brifo'n ofnadwy ac roedd yn gyfnod dryslyd tu hwnt. 'Nes i drio fy ngorau glas i wthio'r meddyliau yma allan o 'mhen ond yn y pen draw do'n i wir ddim yn deall pam roedd pobl yn bod yn glên efo fi. Wrth edrych yn ôl, mae'n gwneud synnwyr perffaith – do'n i ddim yn licio fy hun rhyw lawer, felly sut ro'n i fod i gredu fod pobl eraill yn fy hoffi? Roedd y byd yn ddu, a gan fy mod yn meddwl mewn ffordd negatif ro'n i'n ymddwyn yn negatif ac yn dweud pethau negatif yn aml iawn.

Dwi ddim yn beio Hywel o gwbl am beidio gweld beth

oedd yn bod. A dwi ddim yn beio fi fy hun am beidio siarad efo fo yn iawn ynghynt, chwaith. Ro'n i wedi cael pwl gwael o iselder pan o'n i tua deunaw a barodd tan fy ugeiniau cynnar. 'Nes i egluro hyn wrth Hywel pan ddechreuon ni ganlyn ond roedd wedi cilio erbyn hynny felly doedd o erioed wedi fy ngweld yn y cyflwr yma o'r blaen, na neb arall hyd y gwn i. Doedd dim llawer o sôn am iechyd meddwl wedi bod yn y cyfryngau, a dydi o ddim yn bwnc sydd yn cael ei godi dros beint yn y *local*. Y gwir anffodus yw fod stigma anferthol yn perthyn i'r gair 'iselder'. Doedd dim rhyw lawer o obaith i Hywel wybod sut beth yw dioddef, na sut i ddelio efo rhywun sy'n dioddef chwaith.

Cyfaddef

'Nes i godi'r pwnc gyda Hywel am yr ail neu'r trydydd tro pan oedd Lleucu yn chwe mis oed. Egluro nad o'n i'n teimlo fel mam o hyd a gofyn beth oedd ei farn o. Wrth i mi weld nad oedd o'n deall yn iawn beth o'n i'n ceisio ei ddweud, 'nes i roi'r babi yn ei freichiau, sefyll yn ôl ac egluro nad oedd gen i owns o awydd aros yn y tŷ am eiliad yn rhagor. Ro'n i am ddianc, a'i adael o a Lleucu ar fy ôl, am byth. Ro'n i'n amlwg yn ei frifo i'r byw ac roedd hynny'n fy mrifo innau ond roedd yn rhaid i mi gael dweud. 'Nes i ddweud fy mod wedi bod yn meddwl am lefydd cyfleus i gael 'damwain' wrth yrru'r car. Dweud fy mod yn cael breuddwydion byw ac yn 'gweld' pobl yn cerdded i fyny'r grisiau ganol nos i ddwyn y babi, pan o'n i'n gorwedd yn y gwely yn hollol effro. Dweud fy mod yn aml iawn yn sefyll ar ben y grisiau yn y tŷ yn crio, y babi yn fy mreichiau, yn methu'n lân â cherdded i lawr achos fy mod yn gallu 'gweld' y babi ar lawr, ar waelod y grisiau, wedi brifo ar ôl i mi golli balans, syrthio a'i gollwng hi.

Roedd diffyg cwsg yn ffactor fawr ond eto roedd rhywbeth arall, rhywbeth mawr yn bod. Ro'n i wedi mynd i boeni'n ofnadwy am bopeth, ac roedd y paranoia yn araf gymryd drosodd. Y peth mwyaf un oedd yn fy mhoeni oedd Lleucu – do'n i'n amlwg ddim yn hapus, ac ro'n i'n poeni fy enaid y byddai'n cael effaith arni hi. Dywedais wrth Hywel y byddai o a Lleucu'n medru byw bywyd hapusach o lawer hebdda i. Ro'n i am i'r ddau gael byw bywyd hapus, di-boen, a doedd hynny ddim am ddigwydd tra byddwn i o'u cwmpas nhw. 'Nes i hefyd egluro fy mod yn gwybod nad fel hyn roedd pethau i fod, fy mod i'n sylweddoli fy mod angen help, ac mai dyna pam ro'n i'n aros efo nhw.

Dim ond Hywel oedd yn gweld y wir Alaw ac mae'n rhaid fod hyn yn bwysau anferthol arno fo. Bob bore, byddwn yn rhoi colur ar fy ngwyneb ac yn defnyddio'r chwarter awr yma i roi rhyw fath o fasg anweledig arna i cyn gadael y tŷ, i fedru wynebu'r byd. Ro'n i'n rhoi fy holl egni i ymddangos yn hapus. Roedd y cyfan yn un hunllef erchyll ac ro'n i'n hollol desbret i ddod allan ohoni.

Gwella

Yn fuan ar ôl i mi gyfaddef y cyfan wrth Hywel, ro'n i a Lleucu yn aros yn nhŷ Mam yn yr Wyddgrug. Es i'r tu allan ar fy mhen fy hun a ffonio'r ymwelydd iechyd. Roedd hi'n ffantastig ac mi drefnodd apwyntiad ar fy rhan gyda doctor ar gyfer y diwrnod canlynol, yn Aberystwyth. Do'n i ddim yn edrych ymlaen o gwbl ac felly 'nes i ofyn i Hywel ddod efo mi. Roedd rhaid llenwi holiadur bach syml a disgrifio fy mhatrwm cysgu, bwyta, faint ro'n i'n crio, o'n i am frifo fy hun yn gorfforol ac yn y blaen. Atebais bob un cwestiwn, ar bapur ac ar lafar, yn gwbl onest. Dwi'n cofio clywed y geiriau 'depression', 'anxiety' a 'paranoia' a'r doctor yn cynnig cyffuriau. Gwrthodais, er mwyn meddwl am y peth, a gwneud apwyntiad i fynd yn ôl mewn pythefnos. Awgrymodd y doctor fy mod i'n cysgu yn yr ystafell sbâr, a bod Hywel yn codi yn y nos at y babi (ro'n i wedi gorffen bwydo ar y fron erbyn hynny) – arbrawf fyddai hyn, i weld a fyddai cael mwy o gwsg o unrhyw help. Dwi mor ddiolchgar i Hywel am gytuno i hyn – nid pob dyn fyddai'n gwneud! – ac er fy mod yn dal i ddeffro wrth i'r babi grio, ro'n i'n mynd yn ôl i gysgu yn reit sydyn wrth i Hywel roi potel neu newid clwt.

Yn anffodus, ni newidiodd hyn fy sefyllfa i o gwbl ac

mi benderfynais fy mod am gymryd cyffuriau i fy helpu i baffio'r salwch oedd wedi troi fy mywyd ben i waered. Cefais sawl sesiwn therapi siarad hefyd i geisio gwneud synnwyr o'r hyn oedd yn digwydd i mi. Dechreuais ddeall mai sâl oeddwn i, a bod sawl un arall yn y byd o'm cwmpas yn dioddef o'r un salwch. O'r diwedd, dechreuodd yr unigrwydd gilio.

Yn bersonol, rhan bwysig arall o'r broses o wella oedd siarad yn agored am y salwch. Dechreuais drwy ffonio Mam, wedyn Dad, fy chwaer, ac yna rhieni Hywel. Roedd pwysau aruthrol wedi bod ar fy ysgwyddau i ers misoedd lawer a dechreuodd y pwysau hynny leihau – roedd yn rhyddhad enfawr medru dweud gydag ychydig bach o hyder fy mod yn sâl. Doeddwn i ddim yn bod yn ddramatig, roedd y doctor wedi rhoi'r diagnosis yn swyddogol, ac ro'n i wedi medru gweld am y tro cyntaf ers dechrau'r holl hunllef fod goleuni yn y pen draw.

Ar ôl rhyw wythnos fach arall, gyrrais neges at ffrindiau agos. Do'n i ddim yn gallu dweud wrthyn nhw dros y ffôn neu wyneb yn wyneb, ond ro'n i am rannu hyn efo nhw er mwyn iddyn nhw ddeall fy mod yn sâl. Rwy'n dychmygu ei fod wedi bod yn sioc i rai, ond efallai i eraill fod popeth rŵan yn gwneud synnwyr.

Gyda'r tabledi, y therapi siarad a chariad teulu a ffrindiau agos, mi ddois yn well yn ara bach. Erbyn heddiw, dwi fel person gwahanol. Mi es yn ôl i weithio yn rhan-amser pan oedd Lleucu yn flwydd oed ac, i mi, gwnaeth hynny fyd o wahaniaeth hefyd – cymysgu gyda phobl eraill a siarad am waith yn hytrach na babis. Nid dianc a chladdu pen mewn tywod oedd hyn, ond ennill yn ôl yr hyder a gollais, a darganfod pwy oedd Alaw unwaith eto.

Rwy'n diolch bob dydd nad yw fy mherthynas i a fy merch wedi cael ei effeithio – mae hi'n eneth fach hapus, cyfeillgar, siaradus a doniol ac rwy'n mwynhau bob eiliad o'n anturiaethau gyda'n gilydd. Os ydych chi'n meddwl eich bod chi, neu rywun rydych yn ei adnabod, yn dioddef o unrhyw fath o iselder, rhannwch eich gofidiau â ffrind, rhiant, chwaer, brawd, doctor neu bwy bynnag yr ydych yn gyfforddus gyda nhw. Does dim angen i neb deimlo mor unig, mae cymorth ar gael.

Ymlaen, er na wn ymhle, - mae gemog

Gwmwl hardd ei odre,

Uwch y niwl a düwch ne,

Darn o'r haul draw yn rhywle.

Dic Jones
(detholiad o'i gerdd 'Miserere' o
Cerddi Dic yr Hendre: Detholiad o Farddoniaeth Dic Jones
gan Ceri Wyn Jones, Gwasg Gomer, 2010)

Cof

HYWEL GRIFFITHS

Mae'n rhyfedd iawn sut yr ydyn ni'n cofio rhai pethau ac yn anghofio pethau eraill. Cof digon bylchog sydd gen i o enedigaeth ein merch. Dwi'n cofio Alaw'n gwasgu fy llaw mor dynn fel bod ei modrwy briodas bron yn tyllu i gnawd meddal fy llaw. Dwi'n cofio gwres yr ystafell, sŵn griddfan a llygaid mawr Lleucu yn nofio tuag atom o dan y dŵr. Dwi'n cofio cerdded y coridorau tywyll yn dal y bwndel bach tra bod Alaw'n cael llawdriniaeth. Dwi'n cofio gyrru adref a'r lleuad lawn braf dros fryniau gogledd Ceredigion.

Does gen i ddim cof o eiriau Alaw wrth y fydwraig, na chwaith rhyw lawer o gof am nifer o'r pethau y mae'n sôn amdanyn nhw yn ei hysgrif hi. Rhaid bod y cof yn gwthio pethau i gwpwrdd yn awtomatig er mwyn helpu rhywun i oroesi. Er fy mod yn gwybod ein bod ni wedi cael misoedd o godi bob rhyw ddwy neu dair awr yn y nos i newid cewyn a bwydo, alla i ddim cofio gwneud. Ac er 'mod i'n gwybod inni gael adegau anodd, mae'r adegau hapus yn cael lle llawer amlycach yn fy nghof.

Efallai mai'r peth anoddaf i rywun sydd yn trio deall a helpu cymar neu ffrind sydd yn dioddef o'r iselder yma yw tawelu'r ofnau ymddangosiadol afresymol y maent yn eu hwynebu. Soniodd Alaw am ofni gollwng y babi, ofni i rywun herwgipio'r babi ac ati. Adwaith cyntaf rhywun fel fi oedd trio esbonio'n rhesymegol pam nad oedd angen ofni'r pethau yma – 'Dwi wedi cloi'r drws ffrynt', 'Ti 'di dringo'r grisiau gannoedd o weithiau' ac yn y blaen. Ond yr hyn mae rhywun yn ei ddysgu'n reit gyflym yw nad oes fawr ddim yn rhesymegol am y peth. Rhaid derbyn bod yr ofnau yma'n bodoli ym meddwl y person a cheisio helpu mewn ffyrdd eraill. Rhaid hefyd ddeall yn iawn gymaint mae'r iselder yn llywio ymddygiad, a thrwy hynny fagu amynedd i wrando a chefnogi yn hytrach na cheisio dadlau a rhesymu.

Un agwedd arall oedd yn anodd imi dderbyn oedd awydd Alaw i 'ddianc' o'r tŷ. Nid yn y ffordd ddramatig y mae hi'n ei disgrifio – unwaith eto, dwi ddim yn cofio hynny'n arbennig o dda. Ond dwi'n cofio bod yn rhwystredig nad oedd hi'n hapus yn y tŷ gyda Lleucu. Doedd dim byd yn well gen i (a does dim byd yn well gen i hyd heddiw) na bod adref yn y tŷ neu yn yr ardd yn gwneud pethau bach bob dydd. Onid oedd y tŷ i fod yn gartref ac yn hafan rhag problemau'r byd mawr, nid yn ffynhonnell tristwch? Erbyn hyn dwi'n meddwl y buasai pethau wedi bod yn haws ar Alaw pe byddwn wedi cydymdeimlo mwy gyda hyn, a bod yn fwy amyneddgar a thrio helpu i wella'r agwedd yma. Dwi'n deall yn well erbyn hyn bod hyd yn oed y mwyaf amyneddgar o rieni angen dianc o'r tŷ gyda'r plant ar adegau.

Mae'n rhaid cyfaddef fy mod wedi bod yn rhwystredig gyda'r ddarpariaeth feddygol. Oni ddylai mecanweithiau fodoli i gynnig cymorth, yn enwedig i rieni sydd wedi dioddef problemau iechyd meddwl yn y gorffennol? Hefyd, roedd diffyg darpariaeth ar gyfer therapi iechyd meddwl a chwnsela (mewn unrhyw iaith, heb sôn am yn y Gymraeg) yn golygu rhestr aros hir ar gyfer apwyntiad heblaw eich bod yn fodlon talu. I berson sydd, diolch byth, wedi bod yn ddigon ffodus i osgoi ymweld â meddygon ac ysbytai yn rhy reolaidd, roedd hyn yn agoriad llygad i'r rhwystredigaeth y mae llawer o bobl yn ei hwynebu ddydd ar ôl dydd o ganlyniad i brinder adnoddau yn y gwasanaeth iechyd.

Roeddwn hefyd yn amheus o'r cynnig o dabledi mor gynnar yn y broses, heb drio cwnsela ac ati yn gyntaf. I rywun sydd yn gorfod bod ar ei wely angau cyn cymryd *paracetamol*, ac i un ag amheuon ynglŷn â sgil-effeithiau tabledi, roeddwn yn ddrwgdybus. Sylweddolais wedyn mor wirion oedd yr agwedd yma mewn gwirionedd. Fel ddwedodd fy chwaer yng nghyfraith – 'Tase'r doctor yn dweud wrthyt ti am gymryd tabledi i wella briw neu boen gwddw, fyset ti ddim yn gwrthod hynny na fyset.' Mae'n rhaid rhoi rhagfarnau i'r naill ochr. Wedi dweud hynny, mae'n eithriadol anodd anwybyddu disgwyliadau cymdeithas, sydd wrth gwrs yn cael eu chwyddo yn ddisgwyliadau afresymol o fawr a phwysig ym meddwl rhywun ag iselder. Un enghraifft o hyn sydd, dwi'n meddwl, yn gyffredin i lawer yw pan nad yw'r babi bach yn magu pwysau yn ddigon cyflym. Rhoi'r un fach ar glorian, dal anadl wrth aros am y rhifau a phlotio pwynt ar graff. 'Hmm, ychydig o ffordd i fynd eto.' I mi, doedd hyn ddim wir yn fy mhoeni. Gwyddwn (gor-hyder optimistig neu beidio) y byddai'n tyfu ymhen amser gan nad oedd unrhyw salwch arni – onid dyna wnaeth pob babi iach bron iawn yn hanes y byd? Ond, ym meddwl rhywun ag iselder, gallaf weld sut y byddai hyn yn dominyddu meddyliau a theimladau.

Dwi ddim yn cofio pryd yn union y daeth pethau'n well i Alaw chwaith. Cyfrannodd sawl ffactor at y gwella – cwnsela, tabledi, Lleucu yn cysgu drwy'r nos, tynnu'r pwysau o fwydo ar y fron i fwydo â photel, a chael dychwelyd i waith rhan-amser. Soniais ynghynt nad ydw i'n cofio'r cyfnod o godi yng nghanol nos, cysgu ychydig oriau a gwneud diwrnod o waith. Erbyn hyn mae Lleucu'n cysgu'n drwm drwy'r nos (merch ei rhieni!), ond pan fydd rhyw annwyd arni, a hithau'n dod i'n gwely ni i droi a throsi, a gwthio'i choesau bach i 'nghefn neu ddringo ar fy mhen, dyw'r blinder y diwrnod wedyn ddim yn rhy ddrwg. Daeth y corff a'r meddwl i arfer, a phrofiad y misoedd hynny yn galluogi rhywun i ymdopi. Gobeithio bod yr un peth yn wir am y profiad o ymdopi gydag iselder, ac y bydd y profiad hwnnw yn help i ni ac eraill yn y dyfodol.

Llifogydd

(ychydig ddyddiau wedi geni Lleucu daeth llifogydd difrifol i ogledd Ceredigion)

Cyrhaeddodd. Ac er rhoddi dy ofal,
er dyfod ohoni
ei gwên, er ei heulwen hi
glaw ynot fu'i goleuni.

Gwyll o fwg a llifogydd a fwriwyd
dros 'fory a thrennydd,
dŵr diaros y ffosydd
yn codi, codi o'r cudd.

Y lôn o'r galon ar gau – heolydd
yr haul o dan warchae,
erydiad trwy dy rydau
o hyd, a'r bont yn gwanhau.

Ond disgyn, disgyn wna'r dŵr, fesul dydd,
fesul dafn o ferddwr
nes daw haul i leddfu'r stŵr
ar ei hyd, yn waredwr.

★★★

O foddi, rhaid cyfaddef, ar y sgiw
ac ar sgwâr y pentref
nes bod gwaddod y goddef
yn dwyn gwraidd i goeden gref.

Hywel Griffiths

Tynnaist yn llwyr fy holl synhwyrau

Trwy roi im ormod fyfyrdodau;

Fy mhelydr a droist yn gymylau – duon;

Ni fyn y galon fwynhau golau.

'Awdl i'r Coler Du' gan Ieuan Fardd

(1731–1788)

Gwacter

BETHAN JENKINS

Parcio'r car wrth y mynydd, yn Fochriw. Dyw e ddim yn rhy bell o gartref fy rhieni. Mae e'n un o'r llefydd hynny sydd yn wefreiddiol yn yr haf gyda'r olygfa draw i Ferthyr yn y pellter, ond yn ddiflas yn y gaeaf gyda'r niwl yn cuddio'r mynyddoedd. Edrych mas drwy'r ffenest wedyn a meddwl, tasen i'n mynd dros y mynydd nawr, fydde neb wir yn becso. Hyd yn oed os bydde rhywun yn becso, bydde fe'n well iddyn nhw ar ôl i fi fynd. Bydde dim rhaid iddyn nhw boeni cymaint wedyn 'ny, bydden nhw'n gallu cario mlan 'da pethe, hebddo i yno i ddinistrio popeth.

Mae teimlo fel 'na yn deimlad dwi ddim yn gallu ffeindio geiriau i'w ddisgrifio. Dyw geiriau ddim yn gwneud cyfiawnhad â'r sefyllfa. A dwi wastad wedi bod yn un am feddwl yn greadigol.

Ond ddim pryd 'ny. Dim ond teimlo nad oedd unrhyw un yn gweld beth oedd fy ngwerth yn y byd. Fel yn y ffilm Ffrengig *Amélie*, pan mae'r llais trist yn dweud wrthon ni'r gwylwyr gymaint yr oedd Amélie wedi ei wneud ar hyd ei hoes i helpu'r anffodus a'r tlawd, ond doedd neb yn caru Amélie tan y diwedd.

Teimlo fel nad oedd gen i emosiwn ar ôl. Fy mod i wedi mynd heibio'r pwynt o deimlo rhagor.

Dyna sut mae eraill mewn sefyllfaoedd tebyg yn meddwl hefyd – ein bod ni'n fwrn ar bobl na ddylen ni fod yn fwrn arnyn nhw. Dwyt ti ddim yn gallu meddwl yn rhesymegol fel 'na – methu sefyll y tu allan i dy gorff a gweld beth mae pobl eraill yn gweld.

Dyna pam mae cyngor gan bobl sydd ddim yn dioddef yn cael ei ddehongli fel bod yn nawddoglyd o bryd i'w gilydd, er nad ydyn nhw'n bwriadu bod felly gan amlaf: 'Taset ti'n neud hyn, Bethan, taset ti'n neud y llall, taset ti'n ceisio cael help, byddet ti'n gwella, mae'n siŵr...' Dwi'n edrych arnyn nhw, a symud fy mhen fel petawn i'n gwrando'n astud.

Ond dyw bywyd ddim yn gweithio fel 'na. Dyw hi ddim yn bosib clicio bys a gwneud popeth yn iawn, neu orfodi dy hun i siarad â rhywun os nad wyt ti'n teimlo'n hollol gyffyrddus a diogel. Weithiau, mae e'n gallu gwneud pethau'n waeth. Dwi'n cofio un doctor yn dweud wrtha i mewn ymgynghoriad cychwynnol, 'Rwyt ti'n fenyw ddeallus, Bethan, ond dwyt ti ddim yn defnyddio hynny'n iawn... Dylet ti fod yn gallu ymdopi. Rwyt ti'n wleidydd, wedi'r cyfan.' A hynny mewn ymgynghoriad meddygol pan oedd fy iselder ar ei waethaf, lle roeddwn i i fod i ddod allan yn fwy positif, nid crio wrth gerdded adref.

Pan wyt ti'n cyrraedd y pwynt pan dy fod wedi mynd trwy bob emosiwn posib, ti'n dechrau meddwl dy fod ti'n rhyw fath o beiriant. Dychmyga linell gynhyrchu mewn ffatri, a bod y cynnyrch newydd yn teithio trwy'r peiriant, ac yn dod allan yr ochr arall i gael ei bacio. Fi yw'r peiriant. Yn wag nawr, sdim byd ar ôl yndda i. Beth yw pwynt byw rhagor, os ydw i'n teimlo mor wag?

Ond pan dwi'n gweld pobl yn dioddef, yn bodoli i fyw, un peth sydd yn aros gyda fi – dwi'n gwybod beth yw'r teimlad hwnnw, er mor anodd yw cofio. Pan wyt ti'n gweld pobl yn dioddef ag iselder ar y teledu, mae ffrindiau'n dweud, 'Sut yn y byd maen nhw wedi gadael i'w hunain gyrraedd y fath stad?' neu 'Sut gallen nhw fod wedi gwneud hynny i'w hunain?' Neu wrth siarad am hunanladdiad rhywun fel Gary Speed, maen nhw'n dweud, 'Pam wnaeth e ddim siarad â rhywun?' Fy ymateb i yw, rhaid nad ydyn nhw'n gallu teimlo unrhyw emosiwn rhagor. Dydyn nhw ddim wedi penderfynu peidio siarad â rhywun, neu beidio gofyn am help. Dydyn nhw ddim yn gwybod sut, neu ddim yn cofio sut, pan maen nhw yn y lle tywyll yma yn eu meddwl.

Ti'n methu rhesymoli. Does dim pwynt trio.

Fe wnes i deimlo fel 'na. Teimlo bod Bethan wedi mynd, wedi gadael, wedi mynd i rywle arall. Dwi ddim yn siŵr i ble. Beth sydd yn fy mrifo i weithiau yw pobl sydd yn meddwl eu bod nhw'n dy nabod. Ond does neb yn nabod fi go iawn, ddim hyd yn oed fy nheulu. Mae gen ti fersiynau gwahanol ohonot ti dy hun. Dyw e ddim yn golygu dy fod ti'n ffals, ond ti'n gorfod cael hyn i allu ymdopi. Dim ond fi sydd yn gweld y fersiwn llawn ohona i.

Mae rhai pobl sydd â phroblemau iechyd meddwl yn cuddio rhag y byd. Dydyn nhw ddim am fynd mas achos dydyn nhw ddim yn gallu dangos y fersiwn o'u hunain maen nhw am ei ddangos i bobl eraill. Mae'n gymaint o ymdrech i fynd i'r siop a gwneud pethau normal, heb sôn am wenu a siarad a chymdeithasu. Mae'n anodd cymdeithasu pan ti eisiau cysgu, pan ti ddim eisiau symud.

Dwi'n berson gwell yn sgil beth sydd wedi digwydd i mi. Unwaith i ti ddod mas o'r twnnel du, mae pethau'n gliriach, rywsut. Pan dwi'n edrych ar berson, dwi'n edrych am haenau o'i bersonoliaeth. Pan mae rhywun yn gwenu, dyw e ddim yn golygu eu bod nhw'n hapus. Does ond angen edrych ar brofiad Robin Williams a Stephen Fry i weld hynny.

Dywedodd rhywun wrtha i yn ddiweddar, 'O, mae'r fenyw yna'n mynd ar fy nerfau. Mae hi'n trio rhy galed i blesio pawb, ac yn orgyfeillgar.' Yn y gorffennol, efallai y byddwn i wedi cytuno. Ond fe wnes i gwestiynu'r peth. 'Pam ti'n gweud 'na?' wedes i. 'Beth yw sail hynny? Efallai fod ganddi broblemau hunanhyder ac mae hi'n gwneud hynny er mwyn ennill hyder ac i wneud ffrindiau... Efallai ei bod hi wedi cael problem mewn perthynas ac angen cadarnhad gan bobl o'i gwerth...'

Dwi ddim yn ymuno yn y 'stori' sydd yn cael ei chreu am bobl gan bobl eraill. Mae pobl yn llawer mwy dwys a chymhleth. Mae brwydrau mewnol gan bawb a dyna pam dwi'n ceisio troi profiad negyddol o ddioddef o iselder meddwl yn ffordd i helpu pobl eraill mewn modd cadarnhaol.

Natur fy swydd yw helpu a rhoi cyngor i eraill, ac mae hynny wedi gwneud lles i mi – i ddeall nad ydw i'n dioddef ar fy mhen fy hun, a bod gen i gyfle i newid systemau a phrosesau a chymunedau i fod yn gymorth i eraill.

Mae ymarfer corff yn fy helpu i ffocysu ac i feddwl, yn yr un ffordd ag y mae garddio yn helpu eraill. Dwi'n mynd i redeg ar hyd y gamlas, y gwynt yn fy wyneb, ac yn cofio sut mae byw. Dwi'n mynd am dro i'r mynydd uwchben tŷ fy rhieni yn Heolgerrig, ac yn sefyll yno i edrych ar olion y Chwyldro Diwydiannol sydd ar ôl. Dwi'n mynd i nofio, yn lledu fy mreichiau i deimlo'r dŵr rhwng fy mysedd. Does dim un ateb, dim un ffordd iawn o helpu dy hun. Does dim ffordd 'gywir' o ffeindio pen draw'r twnnel du er mwyn dechrau bywyd newydd.

Yn ddiweddar ces i gyfarfod â rhywun am sut i drin anhwylderau bwyta, ac roedd sôn am y gallu i'w gwella.

Mae rhai, yn ôl yr hyn a glywais i, yn colli ffydd yn y driniaeth os nad ydynt yn meddwl bod y salwch yn gallu diflannu'n llwyr. Ond i mi, fy sefyllfa i, fy iselder i, dwi ddim yn credu ei fod e'n gadael, byth. Mae e yno gyda fi oherwydd mae'r profiad a'r boen wedi bod yn rhan ohona i, yn rhan o Bethan, dim ots pa mor ofnadwy roeddwn i'n teimlo. A dwi'n falch o hynny mewn ffordd ryfedd. Fi yw'r person sydd yma nawr, er yr iselder. Y person llawn egni, cyffro ac angerdd am y byd.

Dwi'n gwybod beth yw'r teimlad, dwi'n gwybod beth yw teimlo mor isel â pheidio bod eisiau bodoli rhagor. Ond dwi'n gwybod nad ydw i eisiau mynd 'nôl i'r lle yna ar ben mynydd Fochriw byth eto.

'You are not your illness.

You have an individual story to tell.

You have a name, a history, a personality.

Staying yourself is part of the battle.'

Julian Seifter

Pedair sbrowten
a llond llwy o bys

ANGHARAD GWYN

Annwyl Anorecsia,

Mae'n rhyfedd ysgrifennu llythyr at rywun neu rywbeth na alli di gydio ynddo ond sydd, ar yr un pryd, mor ofnadwy o real i mi. Rwyt ti wedi chwarae sawl rôl yn ystod fy mywyd: o fod yn elyn pennaf i fod yn gwmni ffyddlon, o fod yn ffrind gorau i fod yn rhywun sy'n fy rheoli'n llwyr. Weithiau, teimlwn mai dim ond ti oedd yn fy neall i, ac ar adegau eraill roeddet ti'n sugno'r enaid allan o'r Angharad go iawn.

Dwi'n cofio edrych ar fy hun yn y drych cyn mynd ar lwyfan pan o'n i tua deg oed. Roedd twtw glas golau arbennig amdana i, ar gyfer perfformio fy ngolygfa bale ddramatig! Alla i ddim dweud 'mod i'n cofio profi rhyw deimlad cryf o gasineb ar y pryd, ond dwi'n cofio meddwl, 'Dwi ddim yn credu 'mod i'n edrych yn iawn.' Efallai fod hynny'n ymddangos fel datganiad digon di-nod, ond wrth edrych yn ôl dwi'n sylweddoli mai dyna blannu'r hedyn bach o'r dirywiad mewn hunan-barch a oedd wedi dechrau egino y tu mewn i mi.

Drwy gydol fy arddegau roeddet ti'n fy mhoeni bob hyn a hyn, yn codi dy ben pan fyddwn i dan straen, a oedd yn digwydd yn reit aml a dweud y gwir. Pan o'n i'n ifanc ac yn ffôl dwi'n cofio cuddio arian cinio yn y locer er mwyn gwneud yn siŵr na fyddai Mam yn amau nad o'n i'n bwyta cinio pe bai'n edrych yn fy mhwrs (ac roedd hi'n amlwg yn gwneud hynny oherwydd ei chariad tuag ata i). Byddwn i'n byw ar y siwgr oedd mewn losin i bobl ddiabetig. Byddwn i'n llewygu'n aml a dechreuodd fy ffrindiau sylwi bod rhywbeth o'i le.

Ond, rywsut, llwyddais i dy gadw di draw i oroesi'r ysgol uwchradd, gan feithrin ambell gyfeillgarwch hynod o werthfawr, mwynhau ambell berthynas ramantus a chael fy nerbyn i fynd i'r brifysgol. Dyna pryd y dihunaist ti a dechrau treiddio dy ffordd drwy bob modfedd ohona i.

Dechreuodd y cyfan gyda phenderfyniad dramatig adeg y Grawys. Penderfynais dorri pasta a chaws mas o'm deiet (pasta a chaws oedd fy ngwendid ar y pryd). Gan 'mod i'n berffeithydd ac yn unigolyn hynod o benderfynol, fe wnes i lwyddo. Ond i rywun sydd â thueddiadau anorecsig, mae'n anodd troi'n ôl ar ôl torri rhai bwydydd allan. Hyd heddiw, bedair blynedd yn ddiweddarach, dwi'n dal heb fwyta pasta a dwi ond wedi bwyta caws lond llaw o weithiau. Mae mor hawdd i rywun sydd ag anorecsia dorri bwydydd allan o'i ddeiet, a bues i'n parhau i wneud hynny hyd nes 'mod i'n bwyta dim byd ond grawnfwyd. Hwn oedd fy mwyd 'saff', ac ro'n i'n gwybod tra 'mod i'n bwyta dim byd ond grawnfwyd doedd dim un ffordd y gallwn i fagu pwysau. Yn y pen draw, aeth y sefyllfa mor enbyd, ac roedd dy afael di arna i mor gadarn, nes i mi orfod gadael y brifysgol a symud 'nôl adre.

Ro'n i'n teimlo'n fethiant llwyr. Ro'n i'n gwneud yn dda yn fy nghwrs coleg, roedd gen i ffrindiau arbennig (sydd wedi parhau'n ffrindiau da, wrth lwc) ond llwyddaist ti i ddwyn hynny oddi arna i. Roeddet ti wedi dwyn fy ieuenctid, fy hapusrwydd a fy rhyddid fesul tipyn nes nad o'n i'n adnabod fy hunan. Ro'n i'n dal i fwyta llai a llai o fwyd nes mai'r unig beth ro'n i'n bwyta oedd pedair sbrowten a llond llwy o bys bob dydd. Roedd fy niwrnodau'n llawn o gael profion gwaed, sganiau ECG, apwyntiadau gyda seicolegydd a ffrindiau'n dod draw i'm gweld i yn y tŷ, lle'r oedd yn rhaid i mi lapio fy hun mewn blancedi a photeli dŵr poeth am 'mod i'n teimlo'n oer ofnadwy drwy'r amser. Pan dwi'n siarad â fy ffrindiau nawr am y cyfnod hwn yn fy mywyd, maen nhw bob amser yn dweud y bydden nhw'n arfer gofyn beth oedd gan y meddygon i'w ddweud, neu beth oedd canlyniadau'r profion, a byddwn i'n ateb fel pe bawn i'n siarad am rywun arall. Byddwn i'n dweud pethau fel, 'O, wel, maen nhw'n dweud bod fy nghorff i'n troi at fy organau i'w gadw i fynd, achos sdim byd yn cael ei roi i mewn i'r corff, a fyddai'r un iot o emosiwn y tu ôl i'r geiriau na'r llygaid. Roedd fel pe bawn i wedi colli ymwybyddiaeth o fy hunan cymaint nes nad oedd hi'n teimlo bod y pethau'n digwydd i fi.

Rai diwrnodau cyn i mi gael fy nerbyn i'r ysbyty es i gael gwers gyda fy athrawes ganu, sydd wedi bod yn graig yn fy mywyd (ac mae'n dal i fod). Mae hi'n aml yn fy atgoffa i o sgwrs gawson ni'r diwrnod hwnnw. Gofynnodd a o'n i eisiau marw, a fy ateb i oedd, "Dwi ddim *necessarily* eisiau marw, ond dwi ddim yn rhy *keen* ar fyw chwaith". Y noson honno, fe ddywedodd hi wrth ei dwy ferch fach 'mod i'n mynd i farw. Yr wythnos wedyn cefais fy nerbyn i'r ysbyty, diolch byth.

Efallai i ti sylwi, dwi ddim wir wedi sôn am sut roedd fy nghorff i'n edrych, ar wahân i'r sylw cyntaf am edrych ar fy adlewyrchiad yn y drych pan o'n i yn fy nhwtw. Onid dyna sy bwysicaf i bob un sydd ag anorecsia? Ond i mi, nid y pwysau oedd y broblem. Wrth gwrs, byddwn i'n fodlon gwneud unrhyw beth i beidio â magu pwysau, ond doedd hynny ddim oherwydd 'mod i eisiau edrych fel model neu fod yn bert. Do'n i ddim yn gallu gadael fynd. Roedd gennyt ti afael mor dynn arna i fel nad o'n i'n gwybod pwy o'n i a doedd dim syniad gen i beth ro'n i eisiau. Y cyfan ro'n i'n ei wybod oedd sut i fod yn anorecsig – ro'n i'n dda am wneud hynny, ac ro'n i'n gwybod hynny.

Dechreuais fwyta Rice Krispies ychydig cyn mynd i'r

ysbyty, ac roedd fy seicolegydd a fi'n gweithio ar gynllun gwella a oedd, yn llythrennol, yn golygu symud ymlaen o fwyta wyth Rice Krispie i ddeg. Wrth edrych yn ôl nawr, mae'r syniad o gyfri Rice Krispies unigol yn beth annealladwy o fanwl, ond do'n i ddim hyd yn oed yn gallu symud ymlaen o wyth i ddeg. Ti, anorecsia, oedd y man cyffyrddus, mwyaf peryglus.

Cefais fy nerbyn i ysbyty a oedd awr a hanner i ffwrdd o 'nghartref, gan mai dyna'r lle agosaf oedd â'r cyfleusterau i ofalu amdana i. Dwi wedi bod yn ceisio cofio'r emosiynau oedd gen i wrth fynd i'r ysbyty. Ro'n i wedi cael llond twll o ofn. Ro'n i'n gwybod y byddai'n rhaid i mi wynebu pethau a gwneud newidiadau a oedd yn codi cymaint o ofn arna i ar y pryd, a'r cyfan ro'n i eisiau gwneud oedd sgrechian yn ddiddiwedd. Ond un emosiwn arall ro'n i'n ei deimlo oedd rhyddhad. Os na fyddwn i'n cael y cymorth roedd ei angen arna i yn syth, ro'n i'n mynd i farw. Roedd fy Body Mass Index yn is na BMI pobl yn yr achosion eraill ro'n i wedi darllen amdanyn nhw, ac roedd y bobl hynny wedi marw am fod eu calon a'u horganau wedi methu.

Ro'n i hefyd yn edrych ar wynebau fy rhieni. Fy rhieni, a oedd wedi bod yn gefn i mi bob cam o'r ffordd, er gwaethaf fy ffrwydradau gwyllt, rhwystredig, er gwaethaf fy nagrau anobeithiol ac er gwaethaf fy meddylfryd anorecsig penderfynol; roedd eu merch yn llithro o'u gafael yn araf bach ac yn troi'n sgerbwd o anghenfil hunanddinistriol o flaen eu llygaid.

Pan o'n i yn yr ysbyty roedd staff, aelodau o dîm iechyd meddwl fel rheol, yn gofalu amdana i 24 awr y dydd am y pythefnos cyntaf. Cwrddais â'r gyntaf o'r rhain, a'r un fwyaf dylanwadol, ar fy niwrnod cyntaf yn yr ysbyty. Ei henw oedd Cat. Alla i ddim esbonio faint o gymorth fu Cat yn ystod yr wythnosau cyntaf hynny. Roedd hi yno pan gafodd y tiwb bwyd ei roi i fyny 'nhrwyn a finnau wedi 'mharlysu gan ofn. Golchodd fi yn y gawod, siafiodd dan fy ngheseiliau a chydiodd yndda i pan oedd fy ngwallt yn syrthio allan. Ond ar wahân i'r pethau ymarferol, roedd hi hefyd wedi dechrau rhoi gobaith i mi. Wrth dreulio amser gyda hi dechreuais gofio pwy oedd Angharad unwaith eto, heb i ti fygu fy holl rinweddau. Buon ni'n siarad am gŵn, am fynd allan gyda ffrindiau ac am droi siediau'n gartrefi (o bopeth!). Ac roedd Cat yn gwneud i mi deimlo fel dynes ifanc eto – dynes oedd â'i holl fywyd o'i blaen, lle byddai'n gallu llwyddo, bod yn hapus a gwneud gwahaniaeth. Mae'n flin gen i ddweud, anorecsia, ond Cat oedd y person cyntaf i wneud i mi deimlo y gallwn i fyw hebddot ti, ac yn fwy na hynny, y byddai bod yn fi fy hun yn ddigon.

Alla i ddim siarad am y profiad hwn heb sôn am Ffion. Ffion yw fy ffrind gorau, a hi fydd fy ffrind gorau am byth. Arhosodd hi wrth fy ochr i bob cam, a dyw hi erioed wedi fy marnu, troi cefn arna i na chwestiynu fy ngweithredoedd. Roedd hi yno bob amser, ac am hynny, fydda i byth yn gallu diolch digon iddi. Achos ti'n gweld, anorecsia, pobl fel y rhain – Ffion, Cat, Alex, fy rhieni, Megan ac Elin – nhw oedd yn fy atgoffa nad ydw i dy angen di. Dwi ddim dy angen di i deimlo'n saff, nac i deimlo'n dda amdana i fy hun, nac i deimlo 'mod i'n gwneud rhywbeth yn iawn. Roedden nhw wedi dangos i mi 'mod i'n gallu llwyddo a chael fy ngharu fel Angharad. Roedden nhw am i fi fyw. Roeddet ti am i mi farw.

O'r diwrnod cyntaf yn yr ysbyty, dywedais wrth y meddygon, y seicolegwyr a'r nyrsys nad o'n i fel pobl eraill ag anorecsia. Do'n i ddim yn mynd i dorri'r tiwb bwydo neu guddio bwyd, na chynllwynio'r triciau arferol. Ro'n i eisiau gwella, dyna i gyd, ond doedd gen i mo'r nerth i wneud hynny ar fy mhen fy hun rhagor.

Er mwyn aros yn bositif, yn enwedig yn ystod y diwrnodau tywyllaf yn yr ysbyty, byddwn i'n ysgrifennu rhestrau (mae'n siŵr 'mod i wedi etifeddu hyn gan Mam), a byddai'r rhestrau hyn yn fy nghadw ar y llwybr cul ac yn fy atgoffa i fod popeth – hyd yn oed yr artaith bur o roi 55ml o laeth ar fy ngrawnfwyd yn lle 50ml – yn werth yr ymdrech.

Yn ddiweddar, edrychais yn ôl ar y dyddiadur y bues i'n ei gadw pan o'n i yn yr ysbyty, a dod ar draws enghreifftiau o'r dyddiau du, a'r adegau mwy positif.

Dydd Gwener 8 Ebrill - Diwrnod 8

Mae'r bwyd wedi mynd lan i 40 calori yr awr heddiw, a dwi'n teimlo'n uffernol. Galla i glywed y pwmp yn gweithio'n amlach, a theimlo'r diferu yn fy stumog. Mae'r syniad yn mynd rownd a rownd yn fy mhen eu bod nhw'n fy mhwmpio i'n llawn bwyd a bod hynny'n mynd i 'ngwneud i'n ofnadwy o dew a bydd fy nghluniau'n mynd yn ôl i sut roedden nhw'n arfer bod a dwi eisiau rhwygo'r ffycin tiwb 'ma allan o 'nhrwyn achos alla i ddim ymdopi rhagor gyda hyn! Dwi'n gwybod bod pobl yn falch ohona i ac maen nhw'n dweud wrtha i am gadw i fynd ac i wneud fy ngorau, ond dy'n nhw ddim 'ma nawr, a sdim rhaid iddyn nhw fynd drwy'r uffern o ymdopi â'r frwydr gyson yn fy mhen. Ar ddiwrnodau fel hyn dwi eisiau rhoi'r gorau iddi, ac mae'r golau ar ddiwedd y twnnel yn gwneud ei orau glas i ddiffodd.

Dydd Iau 21 Ebrill - Diwrnod 21

Pethau da a phositif galla i wneud pan fydda i'n well:

1. *Mynd i Gaerdydd i siopa a gwylio Jekyll and Hyde gyda Mam a Dad.*

2. *Mynd ar wyliau ym mis Medi, a mynd i Lundain.*

3. *Cael ci bach - Norfolk terrier - o'r enw Peggy*

Rose yn yr hydref a dim ond fi fydd yn gyfrifol amdani ar fy mhen fy hun.

4. Mynd am dro ar y prom a mynd ar ddiwrnodau allan gyda Mam a Dad.

5. Treulio amser gyda Ffion yn mynd am dro ar y prom a mynd i Geinewydd ac Aberdyfi.

6. Treulio amser gydag Anti Glenda, Megan ac Elin.

7. Mynd i aros gydag Alex, Anz, Hels, Gwyns a'r gweddill pan fyddan nhw 'nôl yn y brifysgol.

8. Mynd i weld Dirty Dancing gyda Ffion.

9. Treulio amser gyda'r merched.

10. Dysgu gyrru a chael Fiat 500 glas golau.

11. Gwneud arholiad telyn Gradd 8.

12. Gwneud sioe gydag Elinor ac ymuno â'r grŵp canu Sgarmes.

13. Gallu prynu dillad a jewellery hardd sy'n driw i Angharad, a thorri fy ngwallt yn bert.

14. Rhoi fy hunan yn gyntaf a pheidio poeni am bobl sydd heb fod yno i mi.

15. Mynd i'r Royal Welsh a'r Eisteddfod gyda Mam a Dad/Ffion.

16. Dod o hyd i'r Angharad go iawn eto.

Fel ti'n gwybod, anorecsia, gadewais i'r ysbyty ar ôl naw wythnos o waith caled, ac yn araf bach dechreuais adeiladu 'mywyd unwaith eto. Y bywyd ro't ti wedi'i rwygo'n ddarnau. Erbyn hyn dwi'n rhan o Sgarmes; wedi bod ar sawl trip gyda fy rhieni a Ffion; dwi'n dal i weithio ar y 'dysgu gyrru'; ac mae gen i gi bach (a gan mai ci yw e – nid ast – Twm yw ei enw, nid Peggy Rose)! Ond yn bwysicach na dim, dwi wedi dod o hyd i'r Angharad go iawn eto. Dwi ddim yn mynd i ddweud ei bod hi wedi bod yn hawdd, ac nad wyt ti wedi bod yn agos at gymryd rheolaeth eto ar brydiau, achos rwyt ti wedi bod yn agos iawn at wneud hynny. Dwi wedi llithro'n ôl a'i chael hi'n anodd, ond brwydro'n ôl wnes i bob tro. Fe gymeraist ti rywbeth oedd yn annwyl iawn i mi. Fe wnest ti 'nhroi i'n gysgod o'r hyn ro'n i'n arfer bod, gymaint felly nes nad o'n i'n adnabod fy nghorff, na fy enaid.

Mae fy mywyd i erbyn hyn yn arbennig. Mae gen i'r un teulu a'r un ffrindiau cefnogol ag sydd wedi bod yn gefn i mi drwy'r cyfan, ac ambell ffrind arall a fydd gen i am byth. Llwyddais i gael gradd BA mewn pwnc dwi'n frwdfrydig iawn amdano, a dwi hefyd wedi gallu cefnogi pobl eraill sydd wedi cael trafferthion iechyd meddwl.

Alla i ddim dweud ffarwél wrthot ti am byth, oherwydd dwi'n credu y byddai hynny'n naïf iawn. Mae sawl her o 'mlaen i eto, ac efallai y byddi di'n codi dy ben salw o bryd i'w gilydd ac yn ceisio fy nghysuro i gyda dy ffyrdd twyllodrus. Efallai y gwna i ildio i gwtsh neu ddau. Ond gad i mi ddweud hyn wrthot ti – wnei di byth lwyddo i 'mrifo i na'r bobl dwi'n eu caru fel y tro diwethaf. Mae bywyd yn brydferth, anorecsia, a chei di ddim tywyllu'r prydferthwch hwnnw byth eto.

'Daw eto haul ar fryn.'

Angharad

'Depression is the most unpleasant
thing I have ever experienced...
It is that absence of being able to envisage
that you will ever be cheerful again.
The absence of hope. That very deadened
feeling, which is so very different from feeling sad.
Sad hurts but it's a healthy feeling. It is a necessary
thing to feel. Depression is very different.'

J.K. Rowling

Yn y gors

ANGHARAD TOMOS

Rywle yn y tŷ 'ma, mae 'na ddyddiadur yn cofnodi yr holl gyfnod tywyll hwnnw, ond mae arna i ofn edrych arno. Dwi ddim eisiau ail-fyw'r hunllef honno, felly dwi'n gadael iddo fod. Ond mae'r atgof yn dal i lechu yno, a dwi'n diolch bob dydd bron nad ydw i wedi suddo 'nôl i'r Gors Ofnadwy.

Fodd bynnag, gofynnwyd i mi gyfrannu at gyfrol ar y pwnc, felly dwi'n gorfod mynd yn ôl – o fewn golwg y gors – dim ond i rannu'r profiad.

Iselder ôl-enedigol a gefais, taswn i rywfaint gwell o gael enw iddo fo. Y cwbl wyddwn i oedd 'mod i'n ddigalon. Ro'n i wedi darllen amdano pan o'n i'n feichiog, ond gwyddwn na fyddai dim felly yn digwydd i mi. Ro'n i'n berson rhy hapus, fyddai rhywbeth felly byth yn effeithio arnaf! Nid wyf o anian bruddglwyfus.

Wn i ddim be ddigwyddodd. Dywed rhai mai'r cemegau yn y corff sy'n cael eu heffeithio wrth roi genedigaeth. Falle fod gwir yn hynny, falle nad oes. Dim ots, mewn gwirionedd. Ddaru o ddim fy nharo yn syth, y *baby blues* bondigrybwyll. Roedd o'n waith caled magu plentyn, a minnau dros fy neugain, ond mae pawb yn teimlo'n flinedig wrth ddod yn rhiant. Tydi babis y pethau gwaethaf am darfu ar batrwm cwsg?

Roedd y babi ryw chwe mis oed, ac roeddem ar ein gwyliau yn Iwerddon – yn dal i drio smalio nad oedd dyfodiad babi am ddifetha ein gallu i deithio – pan ddechreuais boeni. Poeni am fy sefyllfa ariannol o'n i i ddechrau, sut yn y byd mawr y byddwn yn parhau i weithio yn hunangyflogedig pan oedd gen i gyfrifoldeb babi. Wedi dod adre, dyfnhaodd y pryderon hyn, ond 'nes i ddim meddwl fod rhywbeth o'i le.

Yr ymwelydd iechyd ddaru sylwi nad oedd pethau'n iawn. Caiff pob mam newydd holiadur i'w lenwi, a gofynnodd i mi a o'n i'n teimlo'n arbennig o isel. Cyfaddefais fy mod, a dyna hi wedyn. Cefais fy rhoi ar y rhestr o ferched roedd angen cadw llygad arnyn nhw. Doedd dim ots gen i, ro'n i'n ddigalon a doedd dim diben gwadu'r ffaith.

Dwi eisiau pwysleisio na ddaru mi rioed golli 'mhwyll. Cyn mynd yn sâl, fy syniad i o rywun yn mynd yn isel ddifrifol oedd fod rhywun yn colli rheolaeth arni ei hun. Chollais i rioed afael arna i'n hun. Ond dyna ddysgu cyn lleied wyddwn i am salwch meddwl – o unrhyw fath.

Doeddwn i ddim yn mwynhau'r profiad 'ma o fod yn

rhiant, roedd o'n golygu pryderu 24 awr y dydd. Roedd cymaint o bethau i'w cofio – bwydo, newid, golchi clytiau, paratoi prydau, a drwy'r amser roedd yr ofn mawr yng nghefn meddwl rhywun – beth petai'r babi yn stopio anadlu? Fyddai'r pryder felly byth yn lleddfu. Wrth i'r babi dyfu, cynyddu a wnâi'r pryder.

Un dydd, deuthum i'r pen, a dywedais sut ro'n i'n teimlo. Cyfaddefais nad oedd gen i ddim llai nag ofn y dyfodol. Cofiaf ymateb fy nheulu pan fynegais yr ofnau hyn. Gwenu ddaru nhw, a deud 'Dim ots.' Holais sut roedd rhywun yn delio â gwlychu gwely, llau pen, plentyn yn cael codwm, salwch – roedd y cyfan yn gatalog o hunllefau yn aros i ddigwydd. Doedd neb arall fel petaen nhw'n poeni amdanynt, ond i mi, roedd o'n hunllef. Felly o'r cychwyn cyntaf, ddaru neb ddeall fy mhersbectif. I mi, pobl eraill oedd yn methu deall. Roedd fy safbwynt i yn gwbl normal. Parhaodd hyn drwy'r iselder. Ddaru mi ddim amau fy hun o gwbl. Nid fi oedd yn od – pobl eraill oedd yn methu deall.

Ac yn y bôn, does ar rywun ddim eisiau cydnabod fod rhywbeth o'i le chwaith. Dyna rydyn ni i gyd yn ei chwenychu – y Normalrwydd Mawr, sy'n caniatáu i rywun fynd ymlaen efo bywyd. Falle ei fod yn wahanol dan amodau profedigaeth neu ddamwain – fod rhywfaint o ofod i gymdeithas ganiatáu digalondid. Ond efo genedigaeth baban, a hwnnw'n faban iach, dedwydd, be goblyn sydd yna i fod yn ddigalon yn ei gylch? Mae'n ymylu ar yr anniolchgar!

O ganlyniad, gwnes ymdrech lew i fod yn hapus a chyfrif fy mendithion. Doedd yna neb mwy awyddus na mi i fod yn normal. Roedd yna arwyddion nad oedd pethau cweit yn iawn, megis methu cysgu, a deffro yn crynu, ond roedd rhaid dal ati i drio. Yn y diwedd, dyma gydnabod nad oeddwn i'n gweld unrhyw fath o obaith na goleuni, ac fe'm perswadiwyd i fynd at y meddyg. Rhoddodd hwnnw dabledi *anti-depressants* i mi. Fedrwn i ddim credu 'mod i'n cymryd y fath bethau. Cofiaf edrych ar y dabled cyn ei llyncu a dyfalu beth ar y ddaear oedd o'm blaen. Dwi'n dal i feddwl a wnes i'r peth iawn yn cymryd y dabled gyntaf.

Mae'r pryder yn aros yn fy nghof. Wrth i'r gaeaf nesáu, fy ofn oedd sut y byddwn yn gwybod pryd y byddai'r babi yn teimlo'n oer. Cofiaf bryderu am wneud pryd o fwyd – sefais o flaen y stof yn meddwl sut ddiawch ro'n i'n mynd i goginio unrhyw beth.

Dro arall, dwi'n cofio rhewi'n llwyr mewn siop nwyddau babis. Dewis cot oedd amcan y trip, a phan soniodd gwraig y siop fod angen gorchudd matres pan fyddai'r babi yn ei wlychu, teimlais yr arswyd mwya dychrynllyd. Siaradwn efo unrhyw un oedd yn barod i wrando – rhaid fod pawb wedi syrffedu arnaf! Yn y pen draw, anfonodd y meddyg nyrs a oedd yn arbenigo mewn iselder i'm gweld. Roedd ganddi hi frawddeg a ddefnyddiai yn aml, 'It's the depression talking.' Waeth befo faint a siaradwn, doedd neb yn gallu gweld y byd fel ro'n i'n ei weld. Gwnâi hynny fi'n unig iawn, a pharodd euogrwydd diddiwedd. Fi oedd yn peri'r holl drafferth. Pe gallwn i fod yn well, byddai pawb arall yn gallu rhoi'r gorau i boeni amdanaf.

Dwi wedi cofnodi'r rhan fwyaf o'r profiadau hyn mewn nofel, *Wrth fy nagrau i*, taech chi am ei darllen. Gwyddwn y byddai nofel am iselder yn rhywbeth diflas iawn, felly rhoddais ferched o lenyddiaeth Gymraeg oedd wedi dioddef o'r felan mewn ward efo'i gilydd a gweld beth fyddai'n digwydd. Doedd dim prinder ohonynt – Heledd o Ganu Llywarch Hen, Bet o *Tywyll Heno*, Gwladys Rhys W. J. Gruffydd, Monica Saunders Lewis a mam Caradog Prichard. Ond roedd llawer o'r nofel yn dod o'm profiad:

> Ac wedi i'r drysau gau, steddais yn fy unfan yn hir, yn gwylio'r haul yn dod drwy'r ffenest, yn ymwybodol o anadlu bodlon Lora [y babi], yn gwybod fod diwrnod rhydd o'm blaen, ac yn teimlo dim byd o gwbl. Erstalwm, byddwn wedi teimlo rhyddhad, byddwn wedi ei ystyried yn foethusrwydd cael eistedd, yn cael seibiant, a byddai fy mhen yn llawn syniadau. Ond y bore hwnnw, doedd gen i ddim i'w wneud, ac roedd fy mhen – a'm calon – yn gwbl, gwbl wag. Dyna oedd o'i le, ond fasa'r dyn yn y gôt wen byth wedi deall hynny.
>
> Tud. 15 *Wrth fy nagrau i*

Be mae pobl i fod i'w wneud efo pobl ddigalon? Dyfalbarhau. Waeth pa mor ddiflas ac ailadroddus yw'r truth, mae'n help dal ati i wrando. Mae pawb efo'i ffordd wahanol o helpu, ond dwi'n siŵr fod y gwrando yn help. Mi oedd ambell un yn helpu yn ymarferol drwy fynd â'r babi am dro, ei warchod am noson er mwyn i mi a'r gŵr fynd i'r sinema. Roedd yn ffordd o rannu'r gofal. Roedd eraill yn helpu drwy lanhau'r tŷ, neu olchi'r dillad – roedd hynny yn un dasg yn llai i mi ei chyflawni.

Fyddai llawer un ddim yn gwybod 'mod i'n isel – roedd actio'n normal a chadw wyneb yn hollbwysig. Byddwn yn mynd i ddramâu, yn cyfarfod pobl, a fyddai ganddyn nhw ddim syniad 'mod i'n isel ac ar dabledi. Mae paratoi prydau yn help, galw heibio – popeth yn help, yn enwedig cadw mewn cysylltiad. Cafodd y gŵr amser o'r gwaith, ond dwi ddim yn siŵr a oedd hynny'n datrys unrhyw beth. Pan na fyddai rhywun yn galw, dim ond y ni'n dau ar y soffa, a'r babi ar y mat – dyna oedd ein byd. Roedd yn gallu bod yn fyd bychan iawn.

Wn i ddim faint o sylw gafodd fy ngŵr gan eraill. Ond bob tro dwi'n cwrdd â rhywun isel rŵan, dwi'n cofio gofyn sut mae'r cymar. Dwi'n grediniol bellach ei bod yr un mor anodd ar gymar neu rieni/plant y dioddefwr ag ydyw ar y sawl sy'n dioddef. Doedd hi'n ddim llai nag uffern i fyw efo fi.

Roedd pawb eisiau 'yr hen Angharad yn ôl' a finnau'n

fwy na neb, ond wyddwn i ddim sut roedd ei chyrchu. Roedd y byd wedi newid yn sylfaenol, a'r gors ddigalon hon wedi fy llyncu. Doedd dim gwefr mewn bywyd mwyach, roedd y sbarc wedi mynd.

Byd llwyd, digalon oedd o.

Dwi wedi gwneud fy hun yn ddigalon wrth gofio hyn i gyd. Ddeudais i nad o'n i eisiau mynd yno! Dwi'n iawn rŵan, ddeng mlynedd yn ddiweddarach, ond roedd un peth yn fy mhoeni yn fawr ar y pryd. Am ba hyd y byddai'r digalondid mawr yn para? Byddai pobl drwy'r amser yn dweud 'Ddoi di'n well, wyddost ti.' A'r unig beth roeddwn i eisiau ei wybod oedd 'Pryd?' Pryd fyddai'r ddedfryd hon yn dod i ben? Cofiaf fy meddyg yn edrych ar fy mhlentyn bach perffaith a dweud yn drist 'Ddaw'r amser hwn byth yn ôl. Rhaid gwneud y mwyaf ohono rŵan.' Doedd neb wedi chwenychu plentyn yn fwy na mi. A rŵan 'mod i wedi ei gael, do'n i ddim yn ei werthfawrogi – euogrwydd pellach yn cael ei dywallt am fy mhen.

Dwi'n cofio'r dagrau yn well na dim. Roedd y dagrau yn diriaethu'r tristwch. Weithiau, byddwn yn meddwl bod y cyfan yn ddychmygol, a'r cyfan oedd angen i mi ei wneud oedd derbyn pethau, a chario 'mlaen efo bywyd. Ond efo'r dagrau 'ma, gwyddwn ei fod yn arwydd amlwg nad oedd pethau'n iawn. Dydw i rioed yn cofio crio gymaint ag a wneuthum yn ystod y ddwy flynedd honno. Byddai'r gŵr yn gadael y tŷ gyda'r nos, a byddwn yn crio. Doedd o'n ddim i mi grio am ddwy awr yn ddi-stop. Byddwn yn crio cyn mynd i gysgu. Y peth cyntaf a wnawn ar ôl deffro oedd crio. Ychydig dwi wedi crio ers hynny. Dydw i ddim yn credu fod yna ragor o ddagrau ar ôl ynof.

Mynd yn waeth ddaru pethau wedi hynny. Un waith, codais a rhoi cyllell ar fy ngarddwrn. Mae ymddygiad fel hyn yn anodd i'w ddeall. Ond roedd llais ynof yn pwyso arnaf i wneud hyn. Ac roedd yn rhaid i mi ei wneud. Doedd o ddim 'run fath ag y mae mewn ffilmiau: ceisiais gael y gyllell i dorri drwy'r croen, a wnaeth hi ddim – roedd angen llafn mwy llym. Ond fwy nag unwaith, sgathrais fy hun yn ddrwg. Wrth gwrs, pan glywodd y nyrs am hyn, roedd wedi dychryn. Doedd pobl ddim am fy ngadael ar fy mhen fy hun. Doeddwn i ddim yn credu fy hun sut roedd fy mywyd wedi newid.

Ro'n i'n agored iawn am y cwbl. Doeddwn i ddim eisiau i bethau fod fel hyn. Yn amlwg, doedd y tabledi ro'n i'n eu cymryd yn ddefosiynol ddim yn cael llawer o effaith. Roedd rhai tabledi yn peri i mi chwysu yn annioddefol, eraill yn gwneud i mi gosi fel na fedrwn fyw yn fy nghroen. Collais ffydd yn y meddyg yn yr ysbyty a roddai'r tabledi hyn i mi. Stopiais eu cymryd yn gyfan gwbl. Roedd hynny hefyd yn beth anghywir i'w wneud. Roedd angen dod oddi arnynt yn raddol. Wyddwn i ddim beth i'w wneud.

Dechreuais weld meddyg oedd yn arbenigo mewn salwch meddwl. Sais oedd hwnnw, a doedd o'n deall dim am fy nghefndir. Byddai rhywun a allai siarad Cymraeg wedi bod yn fwy o help – a gwraig o bosib. Y cwbl a wnawn efo'r meddyg oedd crio. Yr un bregeth oedd ganddo fo bob wythnos – dweud wrthyf am ddod yn glaf i'r ward seiciatrig, a gallai gadw gwell golwg arnaf. Ward o'r fath oedd y lle olaf ro'n i eisiau mynd iddi. Dim ond pobl boncyrs âi i le felly.

Aeth bywyd yn ei flaen fel hyn, a ddaru o ddim gwella. Y peth anoddaf oedd deffro yn y bore. Ro'n i'n agor fy llygaid, a'r syniad cyntaf ddeuai i mi oedd, 'O na, dwi'n dal yn sownd yn y lle yma.' Ro'n i wedi blino, wedi blino ar flino pobl eraill, ro'n i eisiau i'r cyfan ddod i ben. Ac mi fyddwn yn dyfalu sut i roi diwedd arnaf fy hun. Roedd o'n aml yn mynd drwy fy mhen. Wna i byth eto feio rhywun sydd wedi cyflawni hunanladdiad. Mae llawer yn gofyn, 'Pam na fyddai o/hi wedi meddwl am ei deulu?' Ond dydych chi ddim yn meddwl am eich teulu. Mae byw yn brifo cymaint, rydych chi jest eisiau dod â'r llanast i ben.

Dwi reit yn y gors rŵan, dros fy mhen a'm clustiau. Parodd hyn i gyd am flwyddyn arall. Blwyddyn gron. Es i fyw mewn carafán yn y diwedd, achos ro'n i'n grediniol petawn i'n byw ar ben fy hun y byddwn yn stopio crio. Nesh i ddim. Ro'n i'n crio cymaint yn y garafán ag oeddwn adre. Un lle oedd ar ôl i fynd yn y diwedd – i'r ward seiciatrig gebyst 'na.

Euthum yno, yn disgwyl i'm problemau i gyd gael eu

datrys. Ddaru nhw ddim, roedd pethau yn dal yr un fath. Tair wythnos y bûm yno, a chanfod nad pobl boncyrs oedd yno o bell ffordd. Roedd y doctoriaid yn fwy boncyrs na'r cleifion. Ond doedd o ddim yn lle hapus. Ac eto, dwi'n cofio pwy ddaeth i'm gweld yno, ac roedd hynny'n cyfrif.

Pan ddeuthum yn well, a chlywed fod rhywun wedi gorfod mynd i Ward Hergest yn Ysbyty Gwynedd, gwyddwn y byddai'n rhaid i mi fynd yno i'w gweld. Doeddwn i ddim eisiau, ond gorfodais fy hun i fynd. Roedd yn rhaid i mi ddweud wrth y ferch, 'Mae yna ben draw iddo.' Chymerodd hi ddim iot o sylw ohonof. Ceisiais ei chyrraedd, a methu. Ni allai weld unrhyw oleuni o gwbl. Dim ond bryd hynny y sylweddolais i faint y rhwystredigaeth roedd fy nheulu a'm ffrindiau wedi ei phrofi pan o'n i'n sâl. Doedd dim y gallwn ei wneud i helpu.

Deuthum yn well yn ara bach. O fewn blwyddyn a hanner ro'n i'n well. Sut? Wn i ddim. Ai tabledi, ai amser, ai sefydlogi wnaeth y cemegau? Fedra i ddim dweud. Ond roedd yna ambell ddiwrnod pan ddaru mi ddim crio – o gwbl. Sylweddolais ambell ddiwrnod 'mod i wedi poeni llai. Doedd pethau ddim cynddrwg ag yr arferent fod. Yn raddol, raddol, dyma ddechrau cael blas ar fyw unwaith yn rhagor. Ac o fewn wythnosau, ro'n i'n holliach. Dwi'n diolch bob dydd am yr iechyd meddwl hwnnw.

'Mental pain is less dramatic
than physical pain but is more common
and also more hard to bear.
Frequent attempt to conceal
mental pain increases the burden;
it is easier to say "my tooth is aching"
than to say "my heart is broken".'

C. S. Lewis

Gyrru drwy storom

Ychydig flynyddoedd yn ôl, yn sydyn a dirybudd, dechreuodd fy ngwraig ddioddef o iselder dwys, a newidiodd ei phersonoliaeth a'n perthynas yn llwyr, fwy neu lai dros nos. Yn ei dro, parodd hynny i mi fy hun ddioddef o iselder. Yn y cyfnod hwn, tra'n gyrru o Gaernarfon i ddigwyddiad barddol yn Aberystwyth, daeth hedyn y cywydd hwn imi.

Os yw sterics y storom
a'i hen drics drwy'r awyr drom
yn gwasgu'n dynn amdanaf
innau am oriau, mi af

eto ar daith drwy'r tir du
a thrwy'r hin a'i tharanu.
Daw weiper bob yn dipyn
drwy'r glaw a'i llaw'n clirio'r llun;

gyrru'n wyllt drwy'r dagrau wnaf
yn ei sgil hyd nes gwelaf
awyr las ar ben draw'r lôn
a haul i godi 'nghalon.

Iwan Rhys

'Mental illness can happen to anybody.
You can be a dustman, a politician,
a Tesco worker... anyone. It could be
your dad, your brother or your aunt.'

Frank Bruno

1 o bob 4

DR MAIR EDWARDS

Yn 1948 diffinwyd 'iechyd' gan Sefydliad Iechyd y Byd (World Health Organization) fel 'cyflwr o les corfforol, meddyliol, a chymdeithasol cyflawn ac nid absenoldeb afiechyd neu lesgedd'. O fod yn holliach (yn gorfforol, meddyliol a chymdeithasol), rydym yn y lle gorau posib i fod yn rhan gyflawn o deulu, cymuned a chymdeithas, a gwneud y gorau o bob cyfle er mwyn cyrraedd ein llawn botensial. Mae iechyd meddwl yn gonglfaen i ffyniant pob un ohonom, ac fel gydag iechyd corfforol, mae angen talu sylw haeddianol iddo.

Mae pawb, am wn i, rywbryd neu'i gilydd wedi teimlo'n isel – yn drist, yn ddagreuol, yn ddi-ffrwt, yn ddiamynedd ac yn flin gyda phawb a phopeth – neu'n bryderus iawn, pan mae'r meddwl yn troi at broblem sy'n ein poeni drosodd a throsodd, neu ddychmygu'r gwaethaf yn digwydd. Ond, i'r rhan fwyaf ohonom, mae'r meddyliau a'r teimladau'n diflannu mewn diwrnod neu ddau, heb amharu'n ormodol ar fywyd o ddydd i ddydd. Rydym yn gallu deall pam ein bod yn teimlo fel hynny, ac yn gwybod y bydd pethau'n gwella. Efallai fod y meddyliau negyddol a'r teimladau annifyr wedi codi oherwydd amgylchiadau cyffredin, ond anodd, bywyd – perthynas yn dod i ben, arholiadau yn yr ysgol neu'r coleg, delio â rheolwr neu gyd-weithiwr anodd yn y gwaith, neu alar o golli rhywun annwyl. Er mor isel ein hwyliau, nid cyflwr clinigol ydi'r teimladau yma, ond ymateb naturiol i sefyllfa annaturiol, ac er mor anodd y cyfnod, mae'n pasio.

Mae pawb yn ymateb yn wahanol i amgylchiadau anodd bywyd. Mae rhai'n gallu ymdopi'n rhyfeddol gydag amgylchiadau fyddai'n llorio'r rhan fwyaf, tra mae eraill yn cymryd tipyn mwy o amser i ddygymod a chryfhau'n emosiynol. I rai, mae'r rheswm dros y cyfnod o broblem iechyd meddwl yn eithaf amlwg (e.e. trawma yn dilyn damwain car), tra i eraill mae'r rhesymau'n llai clir. Mae ein gallu i ddygymod â phroblemau iechyd meddwl hefyd yn newid ar hyd cwrs bywyd.

Eithriad fyddai i rywun fynd drwy fywyd heb gael unrhyw symptomau o iselder neu bryder ar ryw bryd. Mae'r ystadegau'n dangos bod oddeutu 25% o oedolion, a 10% o blant a phobl ifanc, yn profi rhyw fath o anhwylder iechyd meddwl neu afiechyd meddwl bob blwyddyn.

Yr anhwylderau iechyd meddwl mwyaf cyffredin yw iselder a gorbryder, gyda thua 10% o oedolion yn profi symptomau yn flynyddol. Ond mae difrifoldeb y symptomau, a pha mor hir mae'r symptomau yn para, yn gallu amrywio'n fawr. Mae oddeutu 1–2% o oedolion yn datblygu afiechyd meddwl difrifol e.e. anhwylder deubegynol neu sgitsoffrenia/seicosis.

Iselder

Mewn iselder clinigol (*clinical depression*) mae'r symptomau'n gallu cynnwys tristwch affwysol, teimlad o wacter, diffyg ystyr a phwrpas i fywyd, sy'n gysylltiedig â newid amlwg ac oriog mewn tymer. Mae hefyd yn effeithio'n ddirfawr ar allu unigolyn i weithredu a ffynnu mewn gweithgareddau dyddiol.

Anhwylder Iselder Dwys

O ran diagnosis ffurfiol, mae ystod eang o anhwylderau hwyliau (*mood disorders*). Pan fo rhywun yn siarad am iselder clinigol, mae'n debyg mai **anhwylder iselder dwys** (*major depressive disorder*) sydd dan sylw gan amlaf. Hwn yw'r cyflwr iselder 'clasurol'. Y prif symptomau yw:

- teimlo'n isel;
- lleihad sylweddol neu ddiffyg diddordeb llwyr na phleser mewn gweithgareddau dyddiol, gan gynnwys ymbellhau oddi wrth deulu a chyfeillion;
- newid mewn pwysau'r corff ac archwaeth am fwyd. Gall hyn olygu colli pwysau heb geisio a/neu ddiffyg chwant bwyd, ond i eraill magu pwysau a/neu orfwyta;

- problemau cysgu – methu cysgu (*insomnia*), gorgysgu (*hyposomnia*), neu ddeffro'n gynnar iawn yn y bore, neu unrhyw gyfuniad o'r rhain;
- teimlo ar bigau'r drain neu fod yn araf a llafurus yn gwneud popeth;
- diffyg egni a theimlo'n lluddedig;
- teimlo'n ddiwerth, neu'n or-euog heb sail;
- diffyg gallu meddwl yn glir, canolbwyntio neu wneud penderfyniadau;
- hunananafu;
- meddyliau am farwolaeth neu am hunanladdiad ond heb gynllun penodol, neu mewn rhai achosion cynllun neu fwriad penodol i ladd yr hunan.

Er mwyn cael diagnosis o iselder dwys mae angen o leiaf bump o'r symptomau uchod ran fwyaf o'r dydd, bob dydd am o leiaf bythefnos, a bod y symptomau yn amharu'n sylweddol ar allu'r unigolyn yn gymdeithasol, yn y gweithle neu elfen arall bwysig o fywyd arferol.

Anhwylder Dysthymia

Yn fy ngwaith bob dydd rwy'n dod ar draws nifer o rieni, mamau gan amlaf, sydd ag iselder tymor-hir (dros ddwy flynedd) ond sy'n llai dwys nag iselder dwys. Y diagnosis mwyaf addas ar gyfer y rhain yw **anhwylder dysthymia**. Er bod y symptomau'n debyg iawn i'r rhai a nodwyd uchod, prif nodwedd anhwylder dysthymia ydi bod y symptomau yn gyson bresennol ond ar lefel llai dwys, ac os ydynt yn diflannu, dim ond am gyfnod o hyd at ddau fis y byddant yn diflannu. Fel gydag iselder dwys mae'r symptomau'n effeithio'n ddrwg ar fywyd cymdeithasol a gwaith yr unigolyn. Efallai mai'r disgrifiad gorau ydi'r teimlad o fod yn 'rhygnu byw' a 'fel hyn mae pethau'.

Mae anhwylder dysthymia yn datblygu'n araf, yn amlach na pheidio yng nghyfnod yr arddegau, ac wedyn yn parhau ar lefel gymharol gyson. Er bod risg uwch o gael cyfnodau o iselder dwys hefyd, wrth i hwnnw gilio, mae'r unigolyn yn syrthio'n ôl i'r patrwm tymor-hir, sy'n dod yn rhan o'i bersonoliaeth ac ymddygiad arferol. Oherwydd hyn, mae'n aml yn anos ei drin yn effeithiol.

Ôl-enedigol

Mae iselder tymor byr yn y dyddiau cyntaf wedi geni (*baby blues*) yn gyflwr eithaf cyffredin, ond mae rhai mamau'n datblygu symptomau iselder llawer mwy dwys rai wythnosau ar ôl geni, sy'n gallu para am fisoedd. Gall amharu ar y berthynas rhwng mam a'i phlentyn os nad yw'n cael ei drin. Mae'r symptomau'n debyg i'r symptomau mewn anhwylder iselder dwys, ond bod ffocws y meddyliau negyddol a'r teimladau yn ymwneud mwy â diffyg hyder a gorbryder am fod yn fam, a'r berthynas â'r plentyn.

Anhwylder Deubegynol

Tan yn ddiweddar roedd **anhwylder deubegynol** (*bipolar disorder*) yn cael ei gynnwys dan yr un ymbarél ag iselder. Mae dealltwriaeth gynyddol bod anhwylderau deubegynol ar y ffin rhwng anhwylderau iechyd meddwl ac afiechyd meddwl.

Anhwylder Deubegynol I:

Mae **anhwylder deubegynol I** yn cynnwys dwy elfen – *mania* neu *hypomania* (sef cyffro emosiynol gwyllt a gormodol neu weithgarwch afrealistig ac afieithus), ynghyd â chyfnodau o iselder dwys. Mae *mania* fel arfer yn effeithio'n sylweddol ar weithgarwch cymdeithasol neu alwedigaethol, o bosib gyda symptomau seicotig, ac yn aml yn arwain at gyfnod o driniaeth mewn uned seiciatrig (er mwyn cadw'r unioglyn yn ddiogel, neu gadw eraill yn ddiogel rhag yr unigolyn). Gyda *hypomania*, er bod yr unigolyn yn afieithus ac o bosib yn afreolus, nid yw'r symptomau yn cyrraedd lefel lle mae'n amharu'n ormodol ar weithgareddau, neu'n peryglu'r unigolyn neu eraill yn uniongyrchol, ac felly mae'n llai tebygol o arwain at driniaeth breswyl.

Er mwyn derbyn diagnosis o *mania* neu *hypomania* mae angen cyfnod o nifer o ddiwrnodau dilynol lle mae'r unigolyn yn ymddwyn mewn modd gorafieithus, gyda lefel uchel iawn o egni ac ymroddiad llwyr y tu hwnt i'r hyn sy'n rhesymol, ac o bosib gyda thymer ddrwg neu gyfnewidiol. Hefyd, mae o leiaf dri symptom o'r rhestr isod:

- hunan-barch neu hunanddelwedd fawreddog, ymddangos yn bwysig;
- teimlo nad oes angen gorffwys na chwsg;
- yn orsiaradus;
- syniadau a meddyliau yn chwyrlïo;
- hawdd tynnu sylw at bethau dibwys ac amherthnasol/ diffyg canolbwyntio;
- cynnydd mewn gweithgaredd penodol, neu aflonyddwch;
- ymddwyn mewn modd heb ystyried y canlyniadau posib (e.e. gwario'n wirion, ymddygiad rhywiol heb ffiniau, buddsoddi mewn menter heb ystyried y ffeithiau, gyrru'n wyllt ayyb).

Cyn gwneud diagnosis o *mania* neu *hypomania* mae'n bwysig ystyried a oes rheswm arall dros yr ymarweddiad e.e. camddefnyddio cyffuriau, neu gyflwr meddygol arall.

Anhwylder Deubegynol II:

Er mwyn cael diagnosis o **anhwylder deubegynol II** mae angen o leiaf un cyfnod o *hypomania* ac un cyfnod o iselder dwys, ond dim cyfnod o *mania*. Fel arfer, yr iselder sy'n annog unigolion gydag anhwylder deubegynol II i chwilio am gymorth, a dim ond wrth drafod mae'r symptomau o *hypomania* yn dod yn fwy amlwg. Mae rhai unigolion yn gwneud defnydd da a chreadigol o'r cyfnod *hypomania* er bod pobl o'u cwmpas yn ei chael hi'n anodd dygymod â'r newid tymer cyflym a'r ymddygiad ansefydlog. Ond, yn gyffredinol, mae'r cyfnodau o iselder yn achosi mwy o broblemau tymor-hir, ac yn amharu ar allu'r unigolyn i ymdopi.

Anhwylderau Gorbryder

Rai blynyddoedd yn ôl, wrth baratoi'r *Termiadur Seicoleg*, cefais drafodaeth gyda'm cyd-weithwyr ai 'pryder' neu 'orbryder' y dylid ei ddefnyddio ar gyfer y term 'anxiety'. Fy nadl i oedd bod 'pryder' yn ymateb naturiol, rhesymol ac addas i rai sefyllfaoedd, ond bod y term 'gorbryder' yn mynd y tu hwnt i'r hyn sy'n rhesymol, ac yn effeithio ar allu unigolyn i ymdopi o ddydd i ddydd.

Mae'n hollol rhesymol bod ag ofn wrth wynebu perygl go iawn, ond gallwn hefyd deimlo ofn oherwydd perygl dychmygol. Wrth deimlo ofn gwirioneddol – perygl neu ddychmygu perygl – mae ein meddwl a'n cyrff yn paratoi ar gyfer ymladd neu ffoi (ond weithiau'n arwain at rewi a methu ymateb o gwbl). Mae'n broses sy'n defnyddio llawer o egni, ac yn ein harwain i osgoi sefyllfaoedd... rhag ofn!

Prif symptomau ofn yw:

- y galon yn curo'n gyflym iawn – ac yn curo'n anghyson efallai;
- anadlu'n gyflym;
- cyhyrau'r corff yn tynhau ac/neu yn teimlo'n wan;
- chwysu poeth ac oer;
- y stumog yn troi – teimlo fel chwydu neu angen mynd i'r toiled;
- y geg yn sych;
- methu bwyta;
- teimlo'n benysgafn;
- teimlo wedi rhewi;
- anodd canolbwyntio.

Mae'r symptomau yma'n deillio wrth i'r corff a'r meddwl baratoi ar gyfer ymladd neu ffoi, ac wrth i hormonau fel adrenalin gael eu gollwng er mwyn i'r corff allu ymateb yn gyflym, a negeseuon i'r galon a'r ysgyfaint i ymbaratoi ar gyfer galw uchel am egni.

Mae hyn yn ffordd effeithiol o ymateb pan fo perygl go iawn, ond os yw'r corff yn paratoi ar gyfer ofn dychmygol mae'r hormonau ac effeithiau'r paratoi ffisiolegol yn aros yn y corff ac yn creu teimladau corfforol annifyr. Mae'r meddwl wedyn yn amgyffred y teimladau corfforol mewn modd negyddol, ac yn gallu arwain at gylch o ymateb gorbryderus.

Er mwyn lleihau'r gorbryder mae'n hawdd disgyn i'r arfer o osgoi sefyllfaoedd sy'n achosi ofn a phryder, ond drwy wneud hynny byddwch yn atgyfnerthu'r ymateb ffisiolegol ac emosiynol. Yn hytrach na gwella'r anhwylder, mae'r symptomau'n gwaethygu. Gydag anhwylderau gorbryder mae angen ailaddysgu'r corff a'r meddwl i beidio ymateb yn ofnus, a'r ffordd fwyaf effeithiol o wneud hynny yw wynebu'r ofn yn raddol bach.

Mae'r anhwylderau gorbryder (*anxiety disorder*) yn cwmpasu nifer o gyflyrau penodol:

- gorbryder gwahanu – fel arfer mewn plentyn sy'n gwrthod gwahanu oddi wrth riant i wneud rhywbeth y byddai'n arferol i blentyn ei wneud e.e. mynd i'r ysgol;
- mudandod dewisol (*selective mutism*) – sef gwrthod siarad mewn sefyllfaoedd cymdeithasol penodol er nad oes problem gyda siarad yn gyffredinol;
- ffobia penodol – ofn sylweddol neu orbryder ynghylch sefyllfa benodol (e.e. gweld anifail arbennig, hedfan, uchder, gweld gwaed) sy'n achosi ymateb o banig;
- ffobia cymdeithasol – ofn neu orbryder am fod mewn sefyllfa gymdeithasol lle mae eraill mewn sefyllfa i roi barn (negyddol);
- anhwylder panig – sef cyfnodau o banig sy'n codi heb rybudd ac sy'n gallu arwain at ofn cael panig;
- agoraffobia – ofn neu orbryder wrth ddefnyddio

trafnidiaeth gyhoeddus, bod mewn lle eang (e.e. maes parcio), mewn lle cyfyng (e.e. theatr, siop), sefyll mewn rhes neu fod mewn torf, a/neu bod allan o'r tŷ heb gwmni;

- anhwylder gorbryder cyffredinol. Gyda'r anhwylder yma mae'r unigolyn yn ofnus a gorbryderus yn gyffredinol, gyda'r symptomau yn amharu ar bob agwedd o fywyd.

Mae gorbryder yn gallu bod yn rhan o symptomau afiechydon a phroblemau iechyd meddwl eraill, fel anhwylder gorfodaeth obsesiynol neu orbryderon am y corff (e.e. poeni'n eithafol am siâp trwyn), neu orbryderon am iechyd. Gall symptomau gorbryder hefyd godi yn sgil trawma (e.e. damwain car, ymosodiad treisgar neu rywiol, esgeulustod difrifol mewn plentyndod) gan arwain at **anhwylder straen wedi trawma** (*post-traumatic stress disorder*).

Triniaethau

Gydag anhwylderau iechyd meddwl, fel iselder a gorbryder, ac anhwylderau eraill fel anhwylderau bwyta, anhwylderau trawma, a chamddefnyddio alcohol a chyffuriau, mae cysylltiad clir rhwng y meddwl, teimladau emosiynol ac ymddygiad.

Mae'r cysylltiad rhwng y tair elfen yma'n cael ei ddefnyddio o fewn therapi gwybyddol ymddygiadol (*cognitive behavioural therapy*, CBT) er mwyn helpu pobl i ddeall y cysylltiad rhwng meddyliau negyddol, eu hwyliau a sut mae newid ymddygiad yn gallu newid ymateb a sefyllfa. Mae'n ymyrraeth seicolegol effeithiol, ac yn cael ei argymell ar gyfer anhwylderau iselder a gorbryder.

Er bod meddyginiaethau effeithiol ar gael ar gyfer trin gorbryder yn y tymor byr (i leihau symptomau annifyr), yn y tymor hir maent yn fwy effeithiol o'u cyfuno â strategaethau seicolegol i ddatblygu sgiliau i reoli'r anhwylderau. Yn yr un modd mae meddyginiaethau effeithiol ar gael ar gyfer iselder. Ar gyfer rhai sy'n cael mwy nag un cyfnod o iselder neu orbryder mae Ymwybyddiaeth Ofalgar (Mindfulness) yn ffordd effeithiol o ddysgu ffyrdd newydd i ymdrin â'r emosiynau, drwy ddysgu i fod yn ymwybodol o newidiadau bach o eiliad i eiliad.

Gall eich meddyg teulu eich cynghori ynghylch pa driniaethau sydd yn addas i chi, ac os oes angen, eich cyfeirio at wasanaethau iechyd meddwl arbenigol.

Hybu iechyd meddwl

Er na fedrwn osgoi profiadau anodd bywyd, nac osgoi rhai anhwylderau, mae yna bethau y gallwn eu gwneud i ddiogelu'n iechyd corfforol a'n iechyd meddwl. Rydym yn gwybod bod cysylltiad cryf rhwng iechyd corfforol da a iechyd meddwl da.

Mae bwyta'n iach, yfed alcohol yn gymhedrol ac ymarfer

corff yn rheolaidd yn bwysig i iechyd corfforol, ond mae hefyd yn bwysig o ran iechyd meddwl.

Mae deiet sydd yn cynnwys gwahanol fathau o lysiau a ffrwythau, bwydydd grawn cyflawn, cnau a hadau, cynnyrch llaeth, pysgod, yfed digon o ddŵr ac osgoi bwydydd sydd â lefelau uchel o siwgwr a chaffein yn llesol i'r ymennydd. Gydag anhwylderau gorbryder, mae lefelau uchel o siwgwr a chaffein yn gallu cynyddu symptomau'n sylweddol.

I unigolion sy'n dioddef o broblemau iselder neu orbryder, mae alcohol yn gallu arwain at newidiadau tymor-byr (e.e. cynyddu hyder mewn sefyllfa gymdeithasol, neu leihau teimlad o unigrwydd), ond mae risg i'r defnydd droi'n gamddefnydd, gan arwain at fwy o broblemau iechyd meddwl. Gan bod alcohol yn iselydd, mae'n gwaethygu symptomau anhwylderau iselder, ac mewn anhwylderau gorbryder mae'r newidiadau cemegol wrth i'r alcohol adael y corff yn gallu arwain at lefel uwch o ofn. Yn yr un modd, mae camddefnyddio cyffuriau eraill (fel canabis, amffetamin, cocên, heroin) neu gamddefnyddio sylweddau eraill yn sicr yn arwain at fwy o broblemau iechyd meddwl, ac yn gwneud y broses o wella yn llawer mwy anodd.

Erbyn hyn mae ymchwil yn dangos yn glir bod ymarfer corff yn llesol i iechyd meddwl hefyd, gan fod y broses o ymarfer yn rhyddhau cemegau (endorffinau) yn yr ymennydd sy'n arwain at deimladau da. Mae'r broses o ymarfer hefyd yn arwain at newid delwedd a theimlo'n fwy bodlon. Mae'n debyg mai cerdded a nofio yw'r ymarferion gorau o ran iechyd meddwl ac nad oes rhaid mynd i chwysu mewn *gym*!

Mae iechyd meddwl yn cael budd wrth i ni gymdeithasu, mwynhau cwmni eraill a thrafod ein teimladau a'n pryderon. Un broblem sy'n codi'n aml iawn pan fo rhywun ar gychwyn cyfnod o iselder neu orbryder ydi'r tueddiad i ymneilltuo oddi wrth deulu a chyfeillion, sy'n arwain at deimlo'n fwy ynysig ac yn dwysáu'r symptomau. Ar gyfer pobl sydd wedi cael cyfnod blaenorol o anhwylder iechyd meddwl, gall yr ymneilltuo yma fod yn arwydd cynnar o gyfnod pellach o'r anhwylder, a gall hyn roi cyfle i newid trywydd y salwch. Mae gwneud trefniadau i gwrdd ag eraill, neu godi'r ffôn i gael sgwrs â rhywun sy'n fodlon gwrando, yn llesol, ac yn rhoi'r cyfle i glywed barn neu syniadau pobl eraill all helpu i ddatrys problemau.

Mae rhai'n ei chael hi'n anodd iawn i drafod teimladau yn agored, ond o ddyfalbarhau mae'n dod yn haws. Mae'r broses o ddweud wrth rywun beth sy'n mynd drwy eich meddwl – sy'n fodlon gwrando heb feirniadu – yn gallu bod fel goriad mewn clo, ac yn gallu eich helpu i weld y ffordd ymlaen yn gliriach.

'I learned that my sadness never
destroyed what was great about me.
You just have to go back to that greatness,
find that one little light that's left.
I'm lucky I found one little
glimmer stored away.'

Lady Gaga

Am restr gyflawn o lyfrau'r Lolfa, mynnwch
gopi o'n catalog newydd, rhad
neu hwyliwch i mewn i'n gwefan

www.ylolfa.com

lle gallwch archebu llyfrau ar lein.

TALYBONT CEREDIGION CYMRU SY24 5HE
ebost ylolfa@ylolfa.com
gwefan www.ylolfa.com
ffôn 01970 832 304
ffacs 832 782